筑摩選書

井手英策
Ide Eisaku
古市将人
Furuichi Masato
宮﨑雅人
Miyazaki Masato

分断社会を終わらせる

「だれもが受益者」という財政戦略

分断社会を終わらせる　目次

分断社会を終わらせる

「だれもが受益者」という財政戦略

はじめに

日本はいい国だ。海外から日本を訪れる友人たちは、みな口を揃えて素晴らしい国だと褒めてくれる。

お世辞ではないと思う。蒸し暑い夏、窮屈に立ち並ぶ家、通勤ラッシュや道路の渋滞、割り引くべき点はたくさんある。でも、人びとはみな親切で、治安はよく、街はきれいだ。四季が織りなす美しい風景、重厚な歴史的建造物、ゆたかな伝統行事。私たちは誇りとともにこの「国」を生きている。

だが、なぜだろう。私たちの「社会」には言いしれぬ不透明感が漂っている。

確かに世界経済に占める地位は以前よりも格段に低下した。人口や子どもの数は減りはじめ、高齢化も深刻だ。投票率も低下し、政治への無関心が社会問題化している。

だが、日本よりも経済が貧弱な国はいくらでもある。少子高齢化は多かれ少なかれどの先進国も経験しているし、二一世紀の終わりにはアジアやアフリカも含めたほとんどの国が人口減少局面に突入する。投票率の低下も先進国に共通の病である。

私たちは少なくとも豊かな社会を生きているし、他の社会も同じような問題を抱えている。それなのに、多くの日本人は、生きづらさ、閉塞感、未来を見通せないことへの不安をなんとなく抱えこんでしまっている。

この社会を覆い尽くしている漠然とした重苦しさはいったいどこから来るのか――。この本は、財政を切り口として、この問いに迫り、その解決策を打ち出すことをめざして書かれている。

もしもだ。この国の将来は希望に満ち溢れていると考える人がいるとするなら、その人たちは本書を手に取る必要はない。確かに、邪気なく日本を礼賛する人、隣国に強い嫌悪感をあらわす人、あるいは社会のことには無関心で、自己啓発に躍起な人がいる。だが、表現の仕方こそ違えど、漠然とした不安を抱えているという点では、みな一致しているのではないだろうか。

男性であれ、女性であれ、若者であれ、高齢者であれ、既婚者であれ、独身者であれ、健康であれ、障害があれ、保守であれ、リベラルであれ、社会に何らかの違和感を覚える人たちがいるとすれば、その人たちと一緒にこの問題を考えてみたい。思想や立場を越え、人間のちがいではなく、共通点を発見し、理解する。これが私たちの挑戦したいことである。

誇りに満ちた国。差別がなく、生き心地のよい社会。いずれも人間の本質と深く関わっている。この本質に寄り添いながら、私たちは日本社会のひとつの未来、可能性を提示する。

序章

分断社会・日本

1　私たちの社会が傷んでいる

途上国に接近する日本

東日本大震災という歴史的惨事が起き、「絆」が再評価されたのはつい数年前のことである。だが、「がんばろう」の大合唱とは裏腹に、私たちの社会はズタズタに分断されつつある。

これは決しておおげさな表現ではない。衰退が騒がれる一人当たりＧＤＰや国際競争力といった経済面だけではなく、政治面、社会面にも広く光をあてるならば、日本社会は先進国と呼ぶのが痛々しいほどくたびれつつある。

いくつかの例をあげてみよう。

世界価値観調査（World Value Survey : WVS）と呼ばれる国際調査がある。このなかで「所得はもっと平等にされるべきだ」という質問をみてみると、これに賛成する人の割合は、調査対象となった五八ヵ国のうち三九番目、この割合が日本と同程度の国のほとんどは途上国である。

格差を是正し、所得を再分配するのは財政だ。では、格差是正に関心の薄い国民は、どのような財政を作るだろうか。再分配には二つの方法がある。ひとつは富裕層に重たい税金をかけること、もうひとつは低所得層に手厚い給付をおこなうことである。OECDの調査によると、日本の場合、前者による格差の改善度は調査先進国のなかで最下位、後者によるものは下から三番目である（OECD 2008）。

低所得層への関心がここまで薄まってしまうと、日本が「国民」国家なのかどうかさえ怪しく思われてくる。だが、拙速は避けた方がよい。価値は多様であり、平等はひとつの理念にすぎないからだ。

では、平等と対になる概念、「自由」はどうだろう。人間の自由は先進国と途上国とを分かつ分水嶺でもある。「どれくらい自由を感じるか」というWVSの調査項目をみてみると、五八ヵ国のうち日本人は七番目に自由のなさを感じている。

平等も自由も手にできない国民はどのような価値を大事にしているのか。国や同胞のために命を賭すことも辞さない勇気か。あるいは人間の普遍的な権利か。

再びWVSに目を向けよう。「自分の国のために戦争で喜んで戦うか」という問いへの賛成者の割合は最下位、「どれくらい自国には個人の人権への敬意があるか」という答えへの前向きな回答者の割合は五二ヵ国中三四位である。

もう一度言おう。社会にはさまざまな価値がある。この四つ以外にもいろいろな価値がある。だからいまの日本社会に絶望する必要はない。

だが少なくとも、私たちの社会は、平等・自由・愛国心・人権といった価値、ときには人間が命さえも賭けてきたこれらの大事な価値を顧みない国になろうとしている。温かみのある、情熱や思いやりに満ちた社会、他者への配慮にあふれ、仲間のために行動することをよしとする誇りある社会、そんな社会はもはや昔の話になろうとしている。

思い当たるふしはある。一〇年ほど前のことだ。小泉純一郎政権の末期に格差社会が問題となった。そんな冷酷な社会を生み出したのは誰だったか。貧しい人たちではない。お金持ちだけでもない。多くの平均的な日本人たちだった。

事態はねじれていた。私たちが低所得層を「救済」することに関心を失いつつあったからこそ、格差社会は作り出された。だが、貧しい人への無関心を十分に反省することもないまま、人びとは格差の解消を求めはじめたのだ。政権批判、与党批判の手段として格差問題は人びとの注目を集めた。そして一時の熱狂とともに民主党政権が誕生した。

ところが、リベラルの核心的な主張である「格差の是正」を、どこまで有権者が本気で考えていたかは疑わしい。リベラルの旗は立った。だが、国民の熱は見る見るうちに冷め、気がつけば再分配政策はバラマキだと批判された。民主党はあっさりと政権の座から転落した。

安倍晋三総裁のもと自民党が政権の座に返り咲くと、今度は正反対の方向へと政治が動き出した。格差問題を忘れたかのように、生活保護費は削減され、診療報酬や介護報酬も抑制ないし切り下げられた。争点は、憲法改正、特定秘密保護法案、集団的自衛権など国家の基本理念にかかわるものへとシフトした。

当初、安倍首相を支持していたはずの多くの国民は、今度は、この動きに反対の声をあげた。とりわけ、安保法制をめぐる国民の抵抗は、戦後史の一局面として刻印される規模に達した。

社会とは、何らかの共有できる価値をもつ人たちの集まりのはずだ。だが、その価値じたいが大きく揺れ動き、不安定化しながら、行き先を求めてさまよっている。

もはや、右や左といったイデオロギーに縛られる政治では説得力をもてない。事実、無党派層や支持なし層の拡大が勢いを増し、保守やリベラルの政治家は、変化を求めて離合集散を繰り返した。理念は二の次となり、ポピュリズム政治が幅をきかせた。人びとはいっそう政治に失望し、自分や家族の生活防衛に走った。自己防衛と無関心が社会を覆い尽くしていった。

明日が、未来が、重たく私たちの肩にのしかかってくる。

冷淡で無関心な社会

本書が焦点をあわせるのは財政問題である。財政をつうじて日本社会の閉塞状況を解き明かし、打開策を示すのが目標だ。まずは、格差是正に消極的な現状を出発点として、問題の輪郭に触れてみたい。

誰もが実感している事実からはじめよう。ＷＶＳや国際社会意識調査（International Social Survey Programme : ISSP）に明確に示されるように、日本人は政府や公務員をほとんど信用していない。前者では五六ヵ国中四三位、後者では三五ヵ国中最下位である。日本人の政府不信は国際的にみて、きわめて深刻なレベルにある。

果たして信頼できない政府に対して人びとは納税したいと思うだろうか。それよりも財政のムダをなくし、公務員や政治家の給与・定数を減らし、借金が積み重なった責任を政府に押しつけようとするのではないだろうか。

実際、二〇〇〇年代以降、私たちが取ってきた行動はまさにこれだった。

財政のムダ遣いが取りざたされ、歳出削減が当然視されるなか、公務員や政治家へのバッシングが繰り返された。気分はよいかもしれない。だが、財政を小さくすれば、所得格差が開くことはあっても縮まることはない。政府不信と格差是正への無関心は表裏一体の問題だった。

格差への関心の薄さと裏腹の態度がある。それは我が身の可愛さ、だ。

日本の財政のなかでもっとも規模が大きく、間違いなく将来の予算を圧迫するのは、社会保障費である。社会保障のかなりの部分は、高齢者に支出されている。財政が厳しさを増すなか、人びとの関心は、「いまの高齢者が過大な給付を受けていないか」、「自分の払ったお金が将来返ってくるのか」という点に集中している。

憶測で語っているのではない。いくつかの事実がある。

二〇一四年に消費税の増税が実施された。所得税、法人税、消費税のいわゆる基幹税にかんして、純粋な意味での増税がおこなわれたのはなんと三三年ぶりのことである。もちろん、この間、何度か増税はあった。だが、一九九七年の消費増税も含めてすべて減税とセットであり、本当の意味での増税はおこなわれてこなかった。

三三年ぶりの増税をめぐって繰り返し叫ばれたのが「世代間公平」という考え方だった。現役世代はいまの高齢者のためにたくさんの税を負担している、お年寄りもそれなりの負担をすべきだ、高齢者にも税がかかる消費税は世代間の公平性を満たしている、そう主張された。高齢者をやり玉にあげながら、三三年ぶりの歴史的増税は実現されたのである。

日本は税を取ることが本当に難しい国だ。だが反対に、将来の給付と結びつく厚生年金保険料は負担増大の歴史だった。

一九八〇年から二〇〇二年の間に、男性向け年金は七回、女性向け年金にいたっては一七回も保険料率が引きあげられ[1]、大きな制度改正のあった二〇〇三年以降は、毎年小刻みに税率が引きあげられている。現役世代は、同世代の人たちや高齢者のための納税には及び腰だった。だが、将来の自分への見返りとなる負担は素直に受け入れたのである。

自分の利益を追いかけ、他者には負担を押しつける社会。だがこれは平等を重んじるリベラルの政治的な敗北を意味するだけではなかった。戦後日本人のメンタリティを支えてきたお上意識、年長者を敬う心、人間と人間の絆、保守層がもっとも大事にしてきたはずの価値観もかなり傷んでしまっている。ここに日本社会の病根の深さがある。

2　弱者に冷淡な社会はこうして生まれた

「勤労国家レジーム」の成立

貧しい人のなかには障害者や高齢者、女性も含まれる。これらの人びとを社会的弱者と呼ぶとすれば、この弱者に冷淡な社会はどのように生み落とされたのだろうか。この解答に近づくには、成功と失敗で彩られた日本財政の歴史をたどるのが一番手っ取り早い。

まずは終戦直後から話をはじめよう。

当時の日本では、戦争のもたらした惨禍によって、国民の生活水準がどん底にまで落ち、貧しい人の救済は当たり前のこととみなされた。財閥一族を含む富裕層が自らの屋敷を差し出すという窮地に追い込まれた一九四六年の財産税はその好例だろう。

戦争の痛みから立ちあがるときの所得税をみてもそうだ。少しでも所得の大きい人には重い税がかかるように、わずかな所得増でも税率が高められた。時期にもよるが、税率は、所得に応じて一五～一九と小刻みに区分された。最高税率も七割を超えており、これに地方税も加わったから、合計の最高税率はなんと九割に達していた。

ところが、人びとの生活が少しずつ楽になってくると、より細やかな利益の分配が求められるようになっていった。

所得税にかんして、一九六〇年代以降、さまざまな控除額が引きあげられ、税がかかる最低所得も上昇を続けた。当時、給料にかかる所得税の五割は、東京・大阪・名古屋の三大都市圏で集められていた。これに札幌、仙台、広島、福岡といった大都市が加わる。ようするに、都市部の、、、中間層への所得減税が毎年のように繰り返されたのである。

戦争で傷ついたインフラを整備し、高度成長の基盤を作ったのは公共投資である。全国総合開発計画が策定されたのち、一九六〇年代の半ば頃から地方向け投資の割合が次第に増えていった。公共投資は貧しい人たちに雇用を提供するし、地方部では都市部よりも所得が低い。つまり、都市への減税と地方への公共事業をパッケージにしながら、「地域間」「所得階層間」の所得再分配がおこなわれたのである。

所得税と関連して、もう一点重要だったのが、池田勇人の打ち出した「二〇%ルール」だ。中高所得層の税率が高くなる累進所得税のもとでは、物価があがり、所得も増えれば、税負担が高まる。池田は中間層の負担に神経質で、租税負担率を国民所得の二〇%以下に抑えることを「国民所得倍増計画」に盛りこんだ。こうして毎年のように所得減税が繰り返された。

これは重大な、いや歴史的ともいうべき決断だった。

所得減税をしながら公共投資に支出を傾けるということは、本当なら黙っていても実現できたはずの社会保障や教育などの公的サービスを、拡充できなくなるということだ。

なぜこのような選択がなされたのか。その背景には「勤労の美徳」ともいうべき日本的な価値観があった。

池田にいわせれば、「救済資金をだして貧乏人を救うんだという考え方よりも、立ち上がらせてやるという考え方」が大事であり、その意味で、占領期の社会政策は「贅沢過ぎ」た。「人間の勤労の能率をよくし、生産性を高める」ことが望ましく、だからこそ池田は公共事業を「重点的に採り上げられなければならない」と考えたのであった。

税もこれに似たところがあった。池田が重視したのは「勤労」所得税である。勤労者にかかる所得税は源泉徴収によって適切な納税がおこなわれていた。ところが申告所得税では不正な申告が続くという問題があった。この不平等を問題視した池田は「勤労者に対する税負担の調整を考慮することが必要」だと考えたのであった（池田一九九九）。

勤労に励む人びとは、増える所得と戻ってくる税とを貯蓄にまわした。政府のサービスが貧弱であり、自分の力で家の購入や教育、病気、老後に備えなければならないためだ。一方、銀行への貯金は貸付をつうじて企業の設備投資に向かい、郵便貯金も政府の投融資に使われた。こうして、さらなる成長と減税のための財源とが生み出された。見事な資金循環だ。

だが幸福な時代は続かなかった。ニクソンショックとオイルショックをきっかけに、低成長の時代が訪れたからである。

黙っていても成長の果実を分配できた時代は終わった。政府は、自分が多額の借金を背負い込み、成長のエンジンとなる決断をした。減税は景気刺激策としての性格を強めた。そして、公共投資をつうじて人びとの就労のチャンスを保障することで、高度成長期のサイクルをできる限り持続させようとしたのである。

成長をめざして多額の借金を財源に組み込む。景気対策のために都市中間層向けの所得減税と地方向けの公共投資を続け、都市の合意を整えながら地方での就労機会を保障する。かわりに社会保障や教育は個人と市場にゆだねる。日本人の労働への義務意識が染み込んだ「勤労国家レジーム」は、こうして形成されていったのである。[2]

経済の長期停滞と財政赤字の累増

バブルの崩壊によって幕が開いた一九九〇年代は、勤労国家レジームが全面化した時代だった。空前の所得減税と公共投資が実施された。過去の成功の記憶は政治家の頭からなかなかぬぐい去られなかったからだ。

だが、不幸なことに、このレジームが安定成長を生んだ一九七〇—八〇年代と九〇年代とでは、経済条件がまったく異なっていた。強力な賃金下落圧力が発生していたのである。

そのメカニズムはこうだ（井手二〇一五）。

日本企業はバブル期に不動産を担保として設備投資の資金を借り入れていた。だが、バブル崩壊によって、不動産価格が長期的に下落した。銀行は企業に対してさらなる担保を求め、企業はその重みに苦しんだ。いわゆるバランスシート不況である。

下落する担保の価値を穴埋めし続けるのは大変だ。企業は一九九〇年代の半ば頃から銀行への借金を返済しはじめる。そして、その財源を確保するために人件費の削減に乗り出していった。政府も労働規制緩和でこの動きを後押しした。

グローバリゼーションによる日本経済への圧力も無視できない。一九九三年に開始されたBIS規制では銀行の自己資本比率を八％以上にするよう求められた。銀行は貸し倒れリスクがあり、自己資本を減少させかねない貸付を削減した。いわゆる貸し渋り、貸し剝がしである。資金の引き揚げを恐れた企業は銀行離れの動きを強めていった。

これに国際会計基準の問題が重なる。先進国共通の新しい会計基準が導入されることが確実になると、企業は内外の投資家から評価してもらえるよう、手もとの現金の流れ＝キャッシュフローを改善しなければならなくなった。

銀行に頼らずに投資をするためにも、株主の評価を高めるためにも、企業はキャッシュフローを改善する戦略を追求しなければならなくなった。これらの圧力が、さらなる人件費の削減、雇用の非正規化を企業に迫っていった。

賃金がさがり、雇用が不安定になれば、消費は停滞する。これに人口の伸び悩み、さらには減少が加わることで、消費の停滞に拍車がかかる。

物の価値がさがるということは、お金の価値があがるということだ。企業の借金は実質的に増えることとなる。企業は銀行からの借り入れをいっそう減らす動きを強めたし、デフレによって減少する収益も穴埋めしなければならなかった。こうしてさらに人件費を削らざるを得なくなった。その結果、以前にもまして消費は停滞した。まさに負の連鎖だった。

もう一点、見逃せないのは、都市化と賃金の関係である。

公共投資が抑えられた一九九〇年代の後半から二〇〇〇年代にかけて、職を求めて、人びとが東京圏へとふたたび移動しはじめた。都市化が進むとそこに消費が集中し、サービス業が吸い寄せられていく。また、高齢化が進むと、医療・福祉に関するサービス業の集積も進む。

問題なのは、これらのサービス業では、一般的に言って、労働の生産性が低かったことだ。社会にとって不可欠でも、少ない付加価値しか生み出さないものに対して、多くの賃金を払う企業はない。都市化がサービス産業化を進めた一方、賃金が全体的に低下するという副作用がもたらされたのだ。これは世界的な傾向でもあった（経済産業省二〇一五、須藤・野村二〇一四）。

このように、一九九〇年代には、賃金を下落させる圧力が加わり続けた。もちろん、賃金が減れば、見た目には企業の収益は増大する。だが運が悪かったのは、賃金の下落によるプラスの効果が、円高のマイナス効果によって打ち消されてしまったことである。

一九九〇年と比べると九六年には円がドルに対して約三五％上昇した。その後、一時円安に振れたものの、九八年から二〇一〇年にかけてふたたび為替は約三三％上昇した。

いくら人件費が削減されても、それ以上に円が高くなれば、ドルに換算した賃金は上昇する。人件費を半分に減らしても円が二倍になれば効果は相殺される計算だ。賃金は割高なままであり、国際競争力はいっこうに改善されなかった（内閣府二〇一二）。

円高は副作用をともなった。企業が円高から逃れ、新興市場での需要を活かすために、生産拠点を海外に移したのだ。このことが国内の雇用や需要を減退させたことはいうまでもない。

人びとの生活は少しずつ苦しさを増した。政府は、景気対策として所得減税と公共投資を繰返し、あからさまなまでに企業の負担軽減や優遇措置をとり続けた。だがその効果は、変わりゆく経済環境に弱められ、税収は激減した。

このように一九九〇年代には日本経済の歴史的な転換が起きていた。勤労国家レジームはかつてのように経済を上向かせることに失敗した。そして虚しく残されたのが巨額の財政赤字だったのである。

犯人探しの政治

「一九九〇年代のケインズ型の経済政策に効果はなかったのか」という問いがある。確かに経済政策の実効性は重要な問題だ。しかし、私たちの視点からすれば、成長に全面的に依存した勤労国家レジーム、それじたいが問い返されるべき、より重要な問題である。

勤労国家レジームの最大の限界は、絶えざる成長を前提とした点にあった。成長が実現できないとき、債務のみが積みあがり、人びとの生活不安は亢進《こうしん》する。

勤労国家レジームが全面化した一九九〇年代には、内外の経済情勢が激変し、生産や雇用の常識が根底から覆ってしまっていた。ここに大きなつまずきがあった。財政出動は必要だったが、出動しても効果が小さい不遇な環境に日本経済は置かれていたのである。

私たちが問うべきだったのは、成長に依存しない新しい統治のあり方は可能か、という問題だった。経済成長の見通しが立たないだけではなく、社会・経済状況の変化とともに、古いレジームがもし社会不安を引き起こすようになるとすれば、なおさらそれが重要になる。

では、勤労国家レジームは、そもそもどういう特徴をもっていたのだろうか。

減税と公共投資を骨格とするレジームのもとでは、社会保障に多くの予算は組めない。したがって、社会保障は就労ができない人向けの現金給付に集中し、サービス、すなわち現物給付の占める割合は「限定」されることとなる。教育や住宅にまで視野を広げれば、このサービスの限定性はさらに際立つ。

しかも、限られた資源を配ろうとすれば、低所得層や高齢者、地方部といった具合に、分配の対象を「選別」せざるをえない。

以上の限定性、選別性の背景にあったのは、勤労による所得の増大という前提である。「自分でできることは自分でやりなさい」ということは、裏を返せば、政府は最小限の救済措置しか講じないということだ。つまり、自分で貯蓄して将来設計をしなければならないという意味で、

「自己責任」の論理が徹底されていたわけである。

「限定性」「選別性」「自己責任性」。勤労国家レジームは、これらの歳出抑制的な特徴をそなえていた。

ところが、一九九〇年代には、高齢化と女性の社会進出によって、育児・保育、養老・介護へのニーズが急激に広がっていった。また、雇用の非正規化も急速に進んでいった。

新たな財政ニーズが勤労国家レジームの歳出抑制的な性格と激しくぶつかりあい、その正当性をあっという間に掘り崩していった。経済が停滞し、旧いレジームと新しい財政ニーズが衝突しあうなかで、政府債務が累積し、財政ニーズへの対応が後回しにされたからである。

高齢化とともに年金や医療費は自然に膨らんだ。二〇〇〇年からはそれに介護保険が加わったから、事態はいっそう深刻だった。だが、介護をめぐっては、厳しい財政事情から利用者の自己負担が盛りこまれ、高齢者のなかに弱者とその他との利用格差が生じた。

一方、財政の余裕がないのに高齢者への配分が増えるのだから、現役世代は我慢を強いられるしかなかった。子育てや教育といった現役世代の要求は、当然のことながら予算から弾き出された。所得がはっきりと落ちこむなか、現役世代の多くは経済負担に苦しみ、結婚、そして子どもを産むことさえ諦めるようになっていった。

追い打ちをかけるように、二〇〇〇年代に減税が停止された。減税の停止は、所得の低下とあいまって、都市部の中間層に二重のショックとなった。これに呼応するように、地方のムダ遣いを批判する声が日増しに強まっていった。公共投資は標的とされ、そして劇的に削減された。地域経済は疲弊し、兼業農家は耕作をあきらめ、コミュニティは破壊された。

　財政再建の時代、いや財政再建を絶対視する時代が訪れた。政府は多くの経済学者を動員し、どの事業が経済的に非効率であるかを暴きたてた。あちこちの支出にムダのレッテルが貼られる一方、マスコミはそれに飛びつき、激しい政府批判を繰り広げた。

　地方のハコモノ、特殊法人、生活保護の不正受給、高齢者の医療費、公務員の人件費など、小泉政権以降、いたるところでムダが発見され、受益者がこき下ろされた。民主党も思想的な違いをこえて同じようにムダの撲滅を訴えた。受益者をバッシングし、溜飲を下げる不幸な政治の出現――、その背景にあったのが、勤労国家レジームの「限定性」「選別性」「自己責任性」だったのである。

　ムダの削減や行政改革がしきりに議論の焦点とされるにつれ、保守とリベラルの境界は少しずつあいまいになっていった。そのなかで残された大きな違いは財界との距離感である。リベラルや左派が格差の是正を訴えるとき、それとセットで展開されたのが、賃下げを繰り返した財界への批判であった。

　確かに、政府の施策は極端に財界寄りだったし、非正規雇用化や賃下げは度を越していた。だが、人びとがそうした判断を受け入れるほかなかったのは、勤労国家レジームという「成長や所得の増大がなければ人間らしく生きていけない枠組み」を私たちが作り出したからだった。

一部の人たちが雇用不安に悲鳴をあげようとも、多くの正規労働者にとっては、自分の会社が収益をあげ、自分の所得が増えることの方が大事だったのも仕方のない話だった。

結局、政府の雇用規制緩和や財界の賃下げ努力は、人びとに「生きやすさ」をもたらさなかった。だが、だからといって、お決まりの政府批判、財界批判を繰り返すだけでは、結末が最初からわかりきった物語を聞くようなものだ。新しい政策モデルを示せなかった自分たちの責任を棚に上げて、いくら責任の追及をおこなっても、世の中は決してよくならない。

財政再建を絶対視する時代、それは「犯人探しの政治」を横行させた時代だった。

無責任社会と叫ばれて久しい。しかし、その裏側では、犯人を血眼になって探し出す暴露の政治、引きずり下ろす政治が、静かに、そして確実に根づいていた。弱者への寛容さや配慮が失われていくのも当然のことだった。だが、社会を良くするのは名探偵ではない。過去に学び、未来を構想する人間の意志である。

3　勤労国家の負の遺産

「救済」がもたらす「再分配の罠」

勤労国家レジームの負の遺産は、複雑な問題の連鎖をもたらした。かつての成長を支えた好循環は、負のフィードバックへと変質し、私たちの生きづらさや不安を増幅しつつある。

この問題を解き明かすために、ここでは、この負の遺産がどのように社会を圧迫しているのか、その全体像を見ておこう。

いま私たちの社会が陥っているのは、アリ地獄のような「三つの罠」である。

ひとつ目の罠は「再分配の罠」である。

当たり前のことだが、困っている人を助けるのはよいことである。電車やバスのなかで、お年寄りや体の不自由な人に席を譲るべきだということは誰でも知っている。小さい時から、みな困った時はお互い様だとも教えられてきたはずだ。

しかし、現実の政治や財政はそう単純ではない。低所得層を「救済」するということは、彼らを「受益者」にするということにほかならない。一方、特定の層が受益者になるということは、その他の層、つまり中間層や富裕層が「負担者」となるということだ。

これは、究極的には、自分が負担者となり、ある人が受益者になるということに対して、人間はどこまで寛容でいられるか、という問題である。

図0－1を見てみよう。給付の集中度係数とは、お金の流れがどの程度貧しい人に向かっているかを見るものだ。左に行くほど、貧しい人にお金がちゃんと届いていることを意味している。

やや奇妙に感じるかもしれない。だが、この図が示すように、一般的には、お金を低所得層に手

図０－１　低所得層への給付は再分配批判を強める

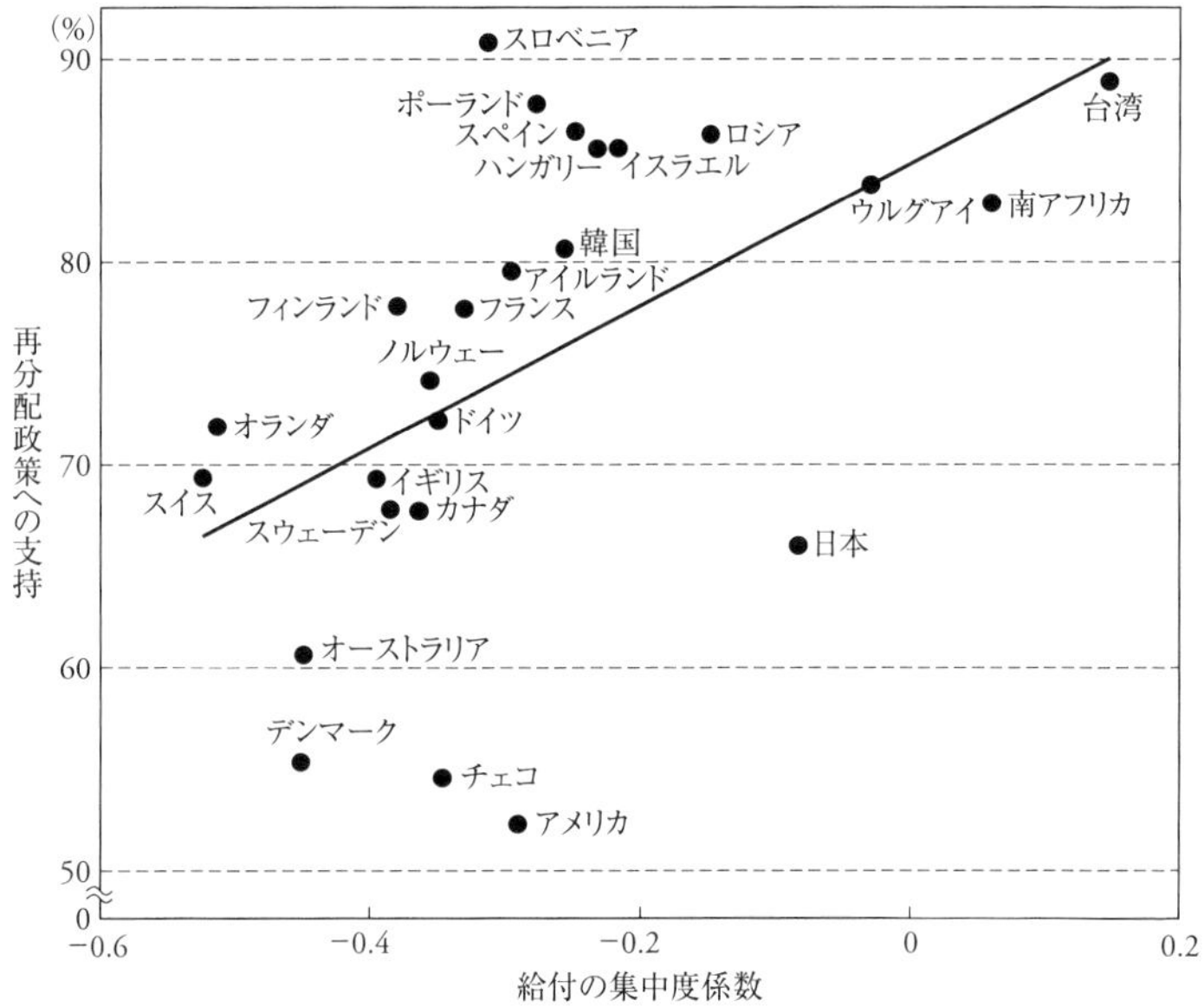

出所：Brady, D. & Bostic, A. (2015),"Paradoxes of Social Policy Welfare Transfers, Relative Poverty, and Redistribution Preferences," *American Sociological Review*, 80(2), 268-298に従い、Luxembourg Income Study Database (LIS)とISSP(2006), Role of Government Ⅳより作成.

厚く配分する国では、再分配政策、つまり弱者救済への支持が弱い。[3]

　これは、ある特定の人びとを受益者にしてしまえば、負担者となるその他の人たちが再分配に反対する、悪くすれば格差がいっそう大きくなってしまうかもしれない、ということを示唆している。この問題をここでは「再分配の罠」と呼ぶ。弱者を救済しようとする人間の温かい心が格差を生みだす原動力となりうるのだ。何という矛盾だろう。

　いまの日本ではこの再分

配の罠が想像以上に社会をむしばんでいる。そしてその背後にあるのが勤労国家レジームの「限定性」「選別性」の問題である。

「二〇%ルール」によって税負担と財政規模を抑えてきた日本では、受益が高齢者にかたより、育児や保育、養老、介護、障害者福祉、そして教育といった現物給付は限定的にしか提供されてこなかった。

現金も含めた給付を限定するうえで用いられたのが「所得制限」であった。これはある金額以下の所得しかない、貧しい人にだけサービスの受給を認める仕組みである。

「勤労」を重んじる日本社会では、働けないこと、救済を受けることは恥ずかしいことであった。人びとは自分の苦しい状態をひた隠しにした。日本の社会保障は権利ではなく、障害や病に苦しみ、働きたくても働けない人が仕方なくもらう「施し」であった。だからこそ、給付のかなりの部分は、一定の所得以下の人びとを選別して提供されたのである。

加えてもう一点、戦後の自民党の支持基盤は地方・農村部だったから、都市への人口流出を食い止めることが重要な政治課題だった。オフィス開発やウォーターフロントの再開発が進み、地価も高騰したバブル期前後を除いて、明らかに地方部への公共投資に重点がおかれていった。

こうして現物給付を抑制する一方、弱者や高齢者、地方といった特定の階層・地域を重視する財政の「限定性」「選別性」が生み出された。

パイが増えているときはよい。あちこちを選別して薄く広くばら撒けばよいからだ。

だが、パイが減少し、社会のニーズが変わり、所得も減っていく状況のなかでは、以上の限定性・選別性は、「既得権」をもつ者への嫉妬やねたみの原因となる。中高所得層の低所得層への不信感、都市住民の地方住民への不信感、すなわち、所得階層間・地域間の不信感は強まらざるをえない。「再分配の罠」は、まさに勤労国家レジームの落とし子だった。

自分自身の受益が乏しくなるなかで、既得権益が目につきはじめ、それへの批判が先行し、得をしていそうな誰かを探すようになった国民と政治。保守層が日本社会の道徳性の高さを説く一方、「受益のないところに共感はない」というリアルな現実が私たちの目の前に横たわる。

広く負担を課し、広く給付する

以上と関連して興味深い事実がある。

表0－1を見てみよう。この表は、もっとも所得が低い階層に対する公的な現金給付、税・保険料負担、そして相対的貧困率とジニ係数を見たものである。ちなみに、相対的貧困率は、国民を所得順に並べて真ん中の人の半分しか所得のない人の割合を示し、ジニ係数は、一に近づくと、所得格差が大きいことを示すものである。

低所得層に対する現金給付が成功した国には二つのタイプがある。ひとつ目は、オーストラリアのように、低所得層に対する給付を手厚くしつつ、税・保険料負担を少なくするタイプである。ふたつ目は、デンマークやスウェーデンのように、低所得層への給付を手厚くするかわりに負担

表0－1　低所得層の受益・負担と格差

（A～Cは％）

	もっとも所得が低い人びとへの現金給付（A）	もっとも所得が低い人びとによる税・社会保険料負担（B）	もっとも所得が低い人びとの純現金給付（C=A−B）	相対的貧困率	ジニ係数
オーストラリア	5.9	0.2	5.8	0.132	0.315
デンマーク	9.2	3.2	6	0.053	0.232
フランス	5.3	1.5	3.9	0.072	0.288
ドイツ	4.9	0.7	4.2	0.091	0.297
日本	3.1	1.2	2	0.157	0.329
オランダ	5.4	0.8	4.5	0.078	0.284
スウェーデン	8.5	2.8	5.7	0.053	0.234
イギリス	4.6	0.4	4.1	0.105	0.335
アメリカ	2.3	0.4	1.9	0.170	0.380
OECD23カ国平均	5.4	1.2	4.2		

出所：OECD（2008）, *Growing Unequal?*, OECD.statより作成.
注：Aは「現金給付の全人口の可処分所得に占める割合（％）」×「最も所得の低い層が受け取る現金給付の比率」. Bの計算も同様の手順.

も大きくするタイプである。

両者は同じだろうか。答えは否である。なぜなら、両国における相対的貧困率とジニ係数の間には大きな差があるからである。

もう一度、図0－1に戻ってほしい。じつは北欧諸国では所得再分配への支持が弱いことに気づく。高福祉・高負担で知られる国ぐにが弱者への分配を支持していないという、その事実だけでも興味深い。だが、ここで重要なのは、その価値観の裏返しとして、貧しい人にも税をかけているということである。

以上の事実は私たちに有益な情報を提供してくれる。それは、

①低所得層に現金を与え、さらに負担を軽くしても、それが再分配への支持や格差是正につながるとは限らない

②貧しい人に税をかけても格差は是正でき

るかもしれない

ということだ。これらの点は私たちの常識とは大きく異なる。あとの章で詳細に取りあげよう。

じつは、デンマークやスウェーデンのように、低所得層も含めて広く負担を課すことに成功している国は、低所得層だけでなく、中高所得層も含め広い範囲で給付をおこなっている。

低所得層にもそれなりの「負担」を求めること。中高所得層にもちゃんと「取り分」を与えること。人間の感情を考えれば当たり前のことである。この発想が日本の財政には決定的に欠けている。保守の好む「勤労」を前提とし、それが叶《かな》わないかわいそうな人びとに限定して「救済」を施してきた勤労国家レジームの代償は大きかった。

日本のリベラルや左派は格差の是正を訴えてきた。だが、貧しい人への給付を増やせばよいという単純な問題ではないのだ。日本人の伝統的な価値観、格差是正の「しかた」を徹底的に考え抜かなければ、中高所得層の怒りを買うだけだろう。言い換えればそれは、「善意のリベラル」「善意の左派」が格差拡大の原因となる危険性をはらんでいるということでもある。

そもそも日本は「自己責任社会」だった

ふたつ目の罠は、「自己責任の罠」である。

歴史的にいって日本は小さな政府の代表国である。財政の対ＧＤＰ比はＯＥＣＤの平均値を大きく下回ってきたし、社会保険料を含めても国民の負担は明らかに軽かった。労働力人口に占める公務員の割合にいたっては先進国最小の部類に入る。

とくに特徴的なのは、何度も指摘したように、勤労国家レジームのもとでは、子どもの教育、医療、住宅、育児・保育、養老・介護等々、普通であれば政府が提供するサービスが不十分であるため、自らが貯蓄することでサービスを市場から購入せざるを得なかったことだ。

私たちは、みんなで税を払ってみんなの生活を豊かにするのではなく、「自助努力」と「自己負担」をつうじて自分と家族の生活を豊かにする道を選んだ。この意味で池田勇人の決断は決定的な意味をもっていた。

それから四〇年を経た二〇〇〇年代になると、支出の削減を正当化するために「自己責任」という言葉が何度も用いられるようになった。

だが考えてみよう。そもそも日本は「自己責任社会」だった。そして、財政が傷つき、人びとが生活面で困り始めたときに、さらなる自己責任化が求められたのである。自己責任の冷酷なスパイラルだ。人びとが弱者に厳しくなるのも当然である。

結局のところ、自己責任社会が問題なのは、「成長の行き詰まり」が「生活の行き詰まり」と直結してしまう点にある。よく成長神話と言われるが、神話の誕生は、成長がなければ人間らしく生きていけない社会を私たちが作ったことの必然的な帰結だった。

だからこそ、である。先にも触れたように、リベラルや左派が財界を鋭く批判する一方で、労働者は成長と所得の増大を信じて、賃金の引き下げを受け入れるしかなかった。人間らしく生きるためにはそれが正しいと信じるほかなかったのだ。

自己責任のスパイラルが生んだのは、「将来の所得を増やすために、いまの所得を減らさなければならない」という逆説的で悲劇的な状況だった。労働者の生活水準は目に見えて悪化していった。しかし、自己責任社会で私たちにできた唯一のことは、取りあえず手もとの現金の減少を食い止め、生活を守ることだけだった。

図0－2を見てみよう。医療・教育領域の市場化を求める国ほど、私的負担は当然大きくなっている。この右上の極にあるのが自己責任社会・日本である。勤労国家レジームが作り出した「自己責任性」が明確に浮きでている図である。

政府が医療や教育の面倒をみない社会では、可処分所得を増やす政策への支持が強まり、経済成長へのさらなる依存が進む。一九九〇年代に空前の所得減税と公共投資が相次ぎ、財政赤字が急増したこともこの結果だった。

税負担をふやし、医療や教育を政府が提供するという道ももちろんあった。しかし、自己責任のスパイラルが起きているときには、明日の生活におびえ、手もとの現金に執着するため、現物給付やサービスを増やし、それを税による負担でまかなうという政策への合意形成は難しい。レジームチェンジは容易には進まない。

経済成長への依存は強まる。だが、所得の増大は進まなかった。望んだ経済成長が実現しなければ、生活苦はいっそう増し、納税者の政府への不満はいっそう強まる。このことがさらなる税

図0－2　市場志向の強い日本社会

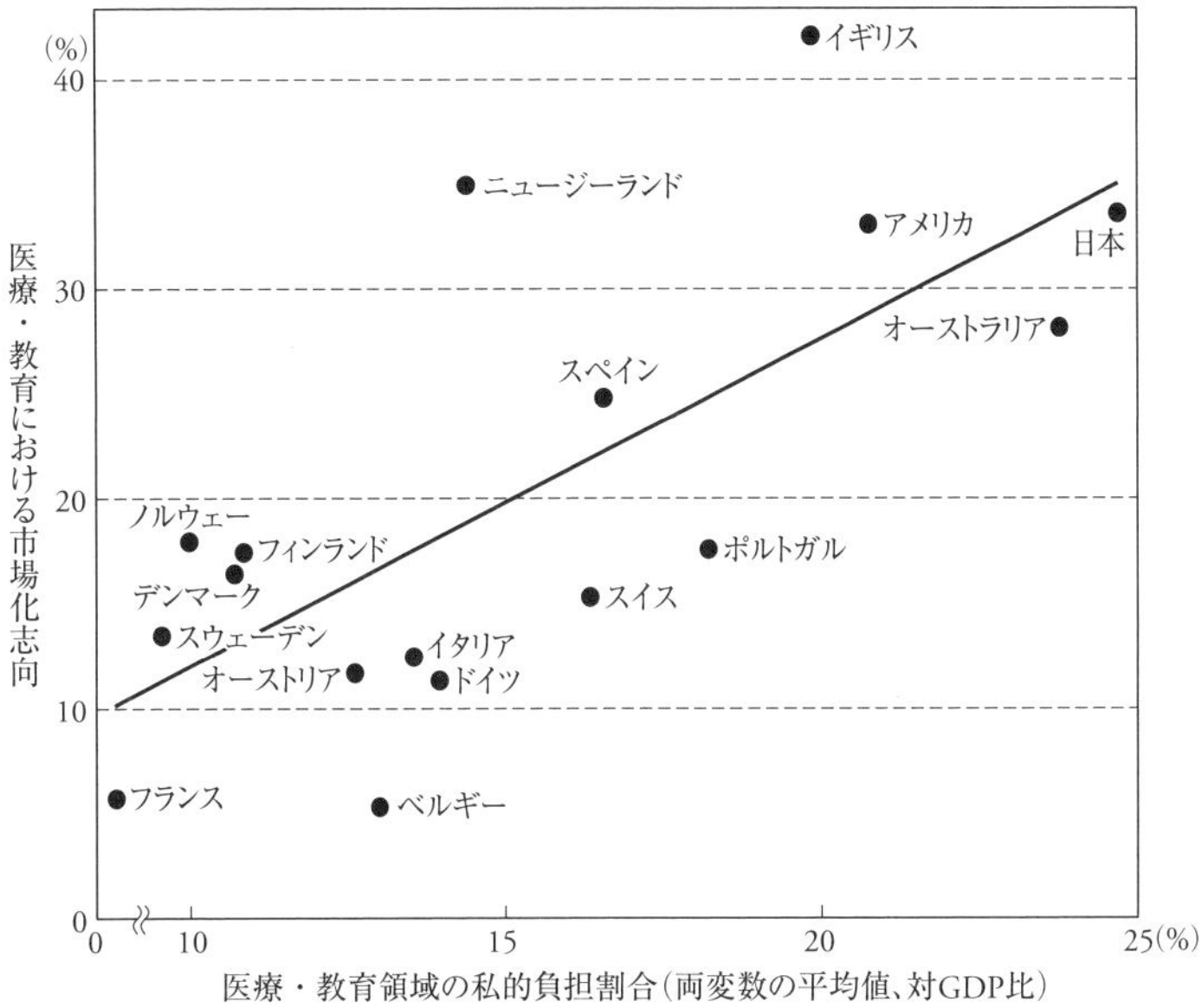

出所：Lindh, A. (2015),"Public Opinion against Markets? Attitudes towards Market Distribution of Social Services – A Comparison of 17 Countries," *Social Policy & Administration*, 49: 887–910, ISSP (2009), Social Inequality Ⅳ.

への抵抗を生み、給付の拡大を難しくし、成長への依存を強めさせる。

まさに袋小路である。勤労国家レジームが作り出した自己責任社会では、成長が難しくなり、政府の果たすべき役割が大きくなるときに、成長への依存が強まり、政府への不信感も強まるという逆回転がはじまる。この抵抗しがたい負の循環を「自己責任の罠」と呼んでおこう。

ぶつかり合う高齢者と現役世代のニーズ

三つ目の罠、それは「必要ギャップの罠」である。

人間は誰もが歳をとる。現役世代もいつかは高齢者になる。だから、高齢者向けのサービス給付については、多くの人びとが賛成する。

問題なのは、現役世代向け支出については、高齢者の多くがそれを必要としない点である。たとえば、子育てためのサービスや住宅取得のための支援は、高齢者世代にとっては「過去のニーズ」となる。この結果、民主主義的にいえば数のうえで「少数者」であるはずの高齢者の利益ばかりが優先される。このことが世代間対立を強める。

世代間の対立は、ニーズをめぐる価値のタイムラグによっても助長される。現在の高齢者が若かったときは、妻が家に収まり、子育てや養老・介護を担当してきた。高齢者から見れば、現役世代に対する子育ての支援は「妻が子どもをほったらかしにし、仕事に出て行ったうえ、私たちの払った税金を使い込む」政策を意味する。

介護も同じだ。四〇歳を超えると、現役世代は、高齢者の介護のために介護保険料を支払うこととなる。六五歳になるまで自分たちは利用できないのに、である。しかし、これも高齢者から見れば、「自分たちのときは妻が親の面倒を見てきた」「自分たちが苦労してきた介護労働から解放されるのだから、保険料くらい払って当然だ」となる。

さらに問題は続く。勤労国家レジームでは、現役世代は「勤労」を核として自分たちの生活を維持してきた。その結果、高齢者向け社会保障ばかりが手厚く整備され、現役世代向けの社会保障、とくに現物給付は貧弱なものとなった。つまり、社会保障の対象として高齢者を「選別」し、現物給付は「限定」的になったわけだ。

経済が萎縮し、財政の緊縮期を迎えると、高齢者は既得権益を維持しようとする。あるいは、そのような行動を取らなくとも、高齢化とともに社会保障支出は自然に増大する。そうなれば、現役世代向け支出は必然的に抑制あるいは排除される。

しかし、前提にある社会モデルは明らかに変貌を遂げていた。戦後主流であった専業主婦世帯は、一九八〇年の一一一四万世帯から二〇一四年には七二〇万世帯に減少した。一方で、共働き世帯は、六一四万世帯から一〇七七万世帯へと増大している。[4] 勤労国家レジームの土台がゆらぎ、女性の就労が進んだ結果、子育てや高齢者介護のニーズは激増した。

ようするに、「勤労者」の「自助努力」、そして「夫が働き」、「専業主婦が高齢者を支える」という保守的イメージが、現実の社会状況とまったく一致しなくなったのである。このことは、比較的充実した高齢者への保障とあいまって、深刻な世代間の対立をもたらすこととなる。

このように「必要」がズレることによって生み出される対立の構図を「必要ギャップの罠」と呼んでおこう。保守主義は守るべき対象や価値をもたねばならない。しかし、誰を守るべきか、どのような価値によって守るのか、という前提じたいが、世代間で大きく食い違ってしまっているのである。

　必要のギャップはデータにも明確にあらわれている。図０－３を見てみよう。内閣府の調査のなかで、政府が今後どのようなことに力を入れるべきかを尋ねたものである。

　一目でわかるように、医療・年金等の整備および高齢社会対策の場合、歳をとるごとに人びとの支持を集める傾向がある。これに対して少子化対策の場合、三〇歳台をピークとして右下がりになっている。歳をとるほどに子育て世代へのサポートを快く思わなくなる構図だ。

　ちなみに、これと関連して見逃せない点がある。アジア通貨危機以降、景気対策への要望が明らかに強まった。だが、二〇〇三年に「医療・年金の整備」が「景気対策」を追い越し、リーマン危機時も含めて首位の座を維持し続けていることである。人びとの生活不安は所得不安よりもさらに切実なものとなりはじめている。

図０－３　不人気な少子化対策

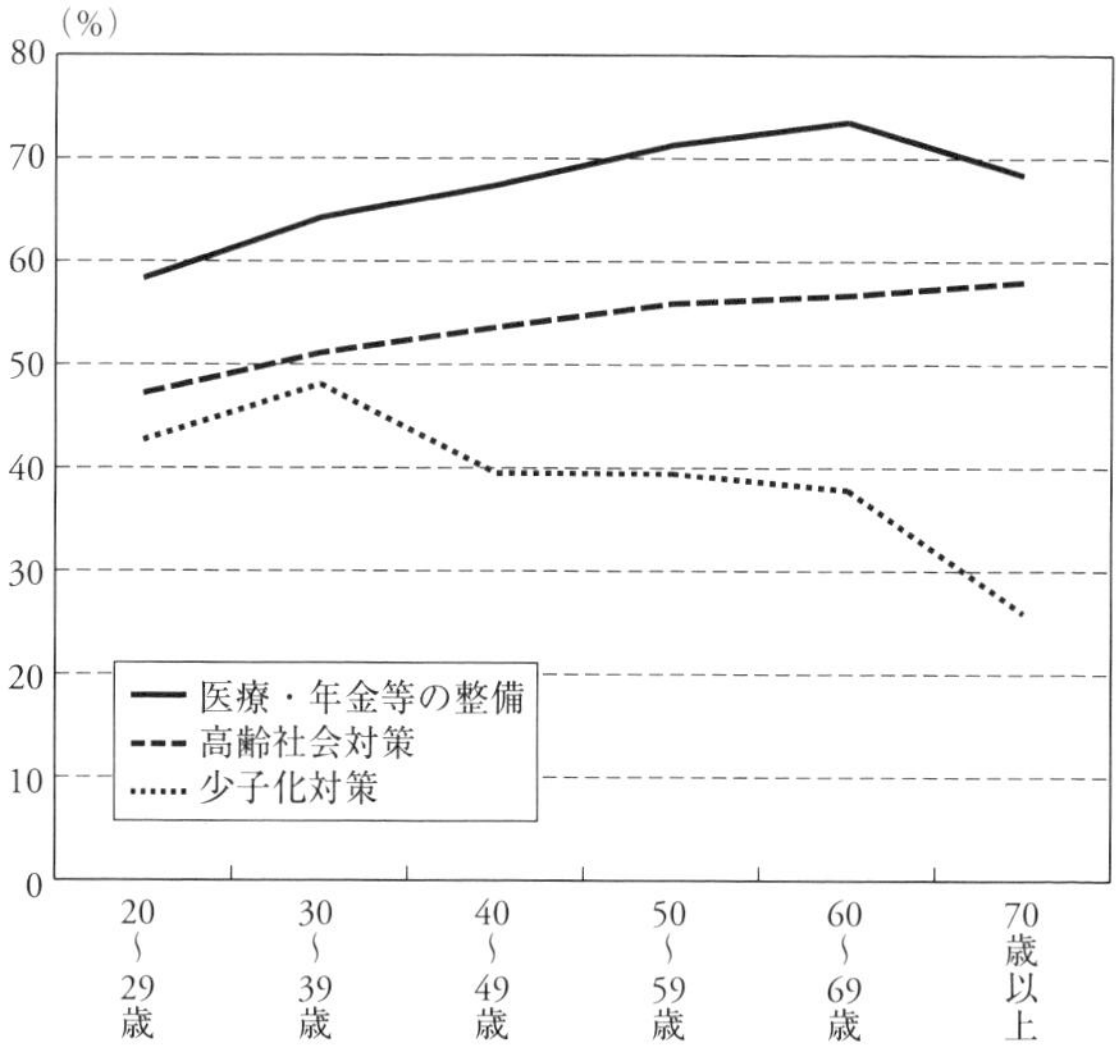

出所：内閣府『平成26年度　国民生活に関する世論調査』より作成.

高度経済成長期に原型が育まれ、一九七〇年代に定着した勤労国家レジームは、長期にわたって私たちの生活や考え方に強い影響を与えてきた。だが、経済環境、社会構造、財政ニーズの変化を受けて、このレジームは明らかに社会の不安定要因となりはじめている。負の遺産が、所得階層間、地域間、政府＝納税者間、世代間の対立を強めているのだ。「分断社会」はこうして生み出された。

4　未来を「選ぶ」から「創る」へ

からまり合う罠

日本社会は複雑な罠にはまっている。この罠は、勤労国家レジームの残骸とグローバル化による社会・経済変動とが化学反応を起こして生み出されたものである。しかも分断社会では、新しい時代を切り拓こうにも、それぞれの立ち位置や価値観、利害関係が大きく食い違ってしまい、合意を整えることすらできない。

問題がさらにややこしいのは、三つの罠が複雑にからまり合っている点だ。

現役世代の生活を保障していこうとすれば、高齢者たちの反発を招くし、逆もまたしかりである（必要ギャップの罠）。だが、生活の基本的な保障が実現されないのであれば、成長への依存と期待は強まるしかない。ところが、少子高齢化とグローバル化のなかで、かつてのような経済成長は実現しにくくなっている。核家族化や共働きの割合が高まり、さらなる育児・保育サービスへのニーズを生み出しつつ、それに対応できない政府への苛立ちが強まる（自己責任の罠）。状況は沈滞する。そして、そのことがいっそう納税者の政府不信を強め、他者への寛容さを失わせ、所得の減少とあいまって再分配への合意を難しくする（再分配の罠）。このような負の循環が無数に折り重なって生活不安が強まっていく。

社会的弱者への冷淡さは、日本人の性質によるものではない。そのように振る舞わなければ自己防衛ができない、追い詰められた日本人の「強いられた選択」の結果である。

状況は絶望的である。長い年月を経て形成された成功の記憶を拭い去り、既得権益で凝り固まった財政を作り替えるのは簡単なことではない。勤労国家レジームの機能不全とともに、その負の遺産ともいうべき分断社会が、すさまじい勢いで人間不信を増幅させている。

弱者を見殺しにする社会は、強者への嫉妬やねたみを生む。優れているとみなされる者への屈折した反感、すなわちルサンチマンを育む。多くの人たちが公務員バッシングを支持した。だが、日経デュアルの調査によれば、親が子どもになってほしい職業の第一位は公務員である。これが日本社会の悲しい現実である。

第二章でも述べるように、小泉政治や橋下政治が人びとから圧倒的に支持されたとき、彼らが共通して実践したのが、このルサンチマンによる扇動と動員だった。「人間に対する恐怖とともに、われわれは人間に対する愛、人間に対する畏敬、人間に対する希望、否、人間に対する意志をさえ失ってしまった」(ニーチェ一九九二、四六頁)。

だが、私たちの感じる不安の輪郭は見えてきた。そして、旧いレジームに代わる新しい利益分配のメカニズムを構想し、この不幸な罠、不幸な循環を断ち切るための努力を積み重ねるしか方法はない。

私たちは、いかなる思想をもとうとも、日本という国をよりよくしたいという思いでは一致しているはずだ。そうだとするならば、もう一度、生きるに値する、後世に残す価値のある社会を作り出すための議論をはじめなければならない。

未来への道を「創る」という決断

ここまで考察が進めば読者は気づいていることだろう。日本が追いこまれた袋小路は、保守的な政治伝統や制度設計と現実のギャップが生み出したものであり、その修正に必要なメッセージは現在のリベラルや左派の主張からは出てこないということである。

アンソニー・ギデンズが用いた「第三の道」という言葉がある。民主党も一時はこの概念を日本的な文脈で使っていた。しかし、第一の道と第二の道がなければ、三番目の道はあり得ない。そして、いまの日本にとって、第三の道という言葉に意味はない。

これまでの財政論議を見る限り、私たちのこうした危機感、問題意識は残念ながらまったく共有されていない。それどころか、私たちは、いまだに三つの分かれ道の前に立たされているような気分にさせられている。

ひとつ目の分かれ道は、小さな政府をさらに小さくしつつ企業の活力を生かし、経済成長をうながすという道へとつながっている。一九九〇年代の半ば以降、「ネオリベ」「ネオコン」によって繰り返しなされた主張はこれに属する。

だがこの議論は理屈が逆立ちしている。企業が負債に苦しみ、成長力を失ったからこそ、政府は莫大な債務を抱え、企業減税を繰り返してまで、財界の手助けをしてきた。それでも賃金は抑制され、物価は下がり、景気も悪化した。政府を小さくして企業に任せれば成長できるというのは、よくて願望、悪くすれば幻想であることを歴史は証明した。

ふたつ目の道は、勤労国家レジームをさらに強化し、政府が成長のアクセルを吹かし続ける道である。これは守旧派とも言われる古いタイプの保守主義者が好む。

だが、私たちは、国債を大量に発行しながら、公共事業を大規模化させた末路をすでに目にしている。しかも、これから人口は世界的・歴史的な縮減期に入る。縮減の世紀にあって、多額の借金を抱えこんだ勤労国家に実現できる経済成長などたかが知れている。

政府がときには増税をおこないながら、格差の小さな社会を作っていくのが三つ目の道である。この道はリベラルや左派の発想に近い。しかし、三つの罠に陥っている日本社会でこの選択をするのは容易ではないし、有権者の支持を得るのも難しい。

いや、それ以前に、この道はヨーロッパ各国が第一の道と呼んだ高福祉・高負担モデルの焼き直しにすぎないし、たいていの場合、日本で繰り返し叫ばれるのは経済成長を前提とした格差の是正である。

リベラルや左派が成長戦略をマニフェストの柱のひとつに据えていることからもわかるように、成長の果実を貧しい人たちに手厚く配分するという勤労国家レジームの発想から彼らも抜け出せていない。「財政は経済成長の道具だ」という見かたこそが最大の障害である。財政は人間らしい「生」の基礎を整えるためのものだ。ケインズの時代は終わらせなければならないのである。

結局、人間の生活のために不安定な土台しか用意せず、成長というギャンブルに未来を託すという意味で、三つの道に大きなちがいはない。これらが賢明な選択とは思えないが、私たちはそのいずれかしか選択肢はないものと――半ば強制されながら――信じこんでいる。

勤労国家レジームが生んだのは、経済成長が止まれば、人間らしく生きていけなくなり、運わるく病気になり失業でもしようものなら未来を諦めるほかなくなるような、そんな危うい社会だった。[5] そして、その懸念が現実のものとなったのが現在である。

決断は私たちが下すものである。だが、少なくとも借金漬けとなった勤労国家には、所得を支える力はない。高齢化が進み、貯蓄の取り崩しが急速に進むなか、将来への蓄えを保障する力はもう財政にはない。かりに、選択肢がほかにないという理由で消去法的に小さな政府を追求したとしても、私たちの生きづらさが解消される保障はない。
私たちは歴史の分岐点にいるのではない。行き止まりに立たされているのだ。いまある道を選ぶのではない。過去の歴史に学びながら、日本人が大切にしてきた価値観と向き合いながら、新しい道を切り拓く決断、未来を創り出す勇気がいま求められている。

1——両者は一九九四年以降、一本化されている。
2——これまで私たちはこのレジームを「土建国家レジーム」と呼んできた（井手二〇一三、二〇一四）。都市中間層への所得減税によって社会的な寛容さを再生産し、地方部への公共投資への合意を可能とする社会契約を念頭に置いてきたからである。しかし、本書では、土建国家の前提にある人間の「勤労」概念を重視し、この勤労が困難になったことに、現在の問題の根源を見いだしている。そこで本書では「勤労国家レジーム」と呼ぶ。
3——図0‐1を慎重に見てみると、貧しい人にお金が行き届いていないのに再分配を支持していないという、悪い意味で稀有なケースが日本だとわかる。反対に、北欧諸国のように、貧しい人へのお金の配分、弱者救済を批判し、比較的豊かな人びとも含めて全員に現金を給付した結果として、貧しい人にもお金が届くケースもある。詳しくはこのあとの記述ならびに第一章をみよ。
4——労働政策研究・研修機構のホームページ（http://www.jil.go.jp/kokunai/statistics/qa/a07-1.html）。
5——アジア通貨危機を境に自殺者数が二万四〇〇〇人から三万二〇〇〇人に急増し、依然として危機以前の水準以上である現状を思い出そう。

第一章

不安の発生源

勤労国家レジームの負の遺産である「三つの罠」は、どこか冷淡で不機嫌な社会を作り出してしまった。とはいえ、社会・経済環境が劇的に変化するなか、もとのシステムを作り替え、変化に一〇〇%適応することはそう簡単なことではない。古いレジームに執着しようとする人間の本能を思うとき、それはなおさらである。

私たちの最終目的は、保守やリベラルなど思想上の垣根を越えつつ、「三つの罠」から脱却する方法を提案することだ。だが、処方箋を出す前に必要なのは、適切な現状診断である。以下では、序章で述べた「三つの罠」の実態をよりかみ砕いて説明する。日本社会を切り刻んでいる「分断線」を浮き彫りにしながら、私たちに襲いかかってくる不安の発生源がどこにあるのか、読者と問題点を共有することがねらいである。

1 救済か？ リスクやニーズの共有か？

不自由で不確実なこの社会

ふたたびWVSを見てみよう。この調査には、第一章のそれとは異なる「自由感」についての質問項目がある。「人生は自分の思い通りに動かすことができるという人もいれば、どんなにやってみても自分の人生は変えられないという人もいます。あなたは、ご自分の人生をどの程度自由に動かすことができると思いますか」というものである。

二〇一〇年代の調査によれば、日本人の自由感は調査六〇ヵ国中、最下位である。恐ろしいことに、私たちは、自分の人生を自分で決定できると実感できていないのだ。

生まれた環境や時代などによって、人間の自由は制約される。とくに、公平な競争がおこなわれず、生まれた場所や障害のあるなしでその人の人生が決まってしまうとき、人間は完全に自由を失ってしまう。所得の再分配は政府の「介入」ではある。だが、人間の自由を保障することが大事だとすれば、多くの人びとはこの介入を支持するはずである。

面白い指摘がある。人びとが自分の経験に照らして社会を見たとき、「自分の人生は自由になる」と感じている人ほど、その社会の所得のあり方を公正だと考える傾向がある。そのような人は、所得の再分配政策に対して、否定的な見かたをすることが多い。

もう少し丁寧にいおう。自由感を高めるのは収入、学歴、健康である。そして、自由感の高い人ほど生活満足感が強く、貧困を本人の責任だと考え、社会は公正であり、格差の是正は不要だと考える傾向にある（Naito 2007, 内藤二〇〇九）。

ようするに、日本の「自由感」の低さは、将来への不安を感じている人、所得格差の是正が必要だと感じている人が多い可能性を示唆しているということだ。

自分自身の生き方を決断する機会が多いのは若い層だが、彼らにも同じような傾向が見られる。

第八回世界青年意識調査によれば、他国と比べて日本の若年層（一八〜二四歳）は、「社会で成功する要因として」「運やチャンス」をあげる人が多い（内閣府二〇〇九）。

運やチャンスで人生が決まるということは、親の所得や環境によって未来が決まるということだ。それは、職業や結婚など自分の人生を自分で決めたとしても、その結果は自分のあずかり知らぬところで決まるかもしれないということである。

日本の若者は、自らが決定している領域をたんに過小評価しているだけなのかもしれない。あるいは、社会をきちんと観察し、未来には不確実性しかないと確信しているのかもしれない。だが、いずれにせよ、そのような不確実性を取り除くための政策が必要なことに変わりはない。

自由感のなさと不確実性。日本を覆うこの不安が切実になればなるほど、財政政策による再分配への期待も、何かに挑戦して失敗したときの安全網への要望も強まるはずだ。

では、当の財政は、私たちの生活をきちんと支えてくれているのだろうか。財政は、私たちが安心して人生設計をするに足る支えを用意してくれているのだろうか。

再分配を支持しない日本の不思議

私たちは人生のなかでさまざまな不確実性やリスクに直面する。いつ死ぬのかは誰にもわからないし、失業や事故は突然にやってくる。将来の物価や生活の水準を的確に予想し、これに個人の貯蓄で対応するのは難しい。そこで、この不確実性やリスクを社会全体で共有するために作り出されたのが、税や社会保障による所得再分配である。

だが、私たちの眼の前にあるのは、再分配に失敗している財政の姿である。

序章でも指摘したように、日本では、租税による再分配効果と社会保障給付による再分配効果が国際的に見て非常に弱い。表1－1は財政による再分配後の相対的貧困率を年齢別に示したものである。日本では、子ども、高齢者、成人の貧困率がそれぞれ高い。人生をつうじて貧困のリスクがつきまとっていることがわかる。

表1－1　年齢別の相対的貧困率

（単位：％）

	年齢別の相対的貧困率			
	子ども (<18歳)	若者 (18-25歳)	成人 (26-65歳)	高齢者 (>65歳)
デンマーク	2.7	21.7	3.5	4.6
フランス	11.4	13.7	7.1	3.8
ドイツ	7.4	12.5	7.7	9.4
ギリシャ	21.4	21.2	14.8	6.9
日本	15.7	18.7	13.9	19.4
スウェーデン	8.3	17.8	7.4	9.4
イギリス	10.4	10.9	9.6	13.4
アメリカ	19.6	20.1	15.2	21.5
OECD	13.3	13.8	9.9	12.6

出所：OECD (2015), *In It Together: Why Less Inequality Benefits All*, OECD Publishing, Paris.chp.1Table 1.A1.1.より作成.

ＯＥＣＤの別のレポートでも同様の傾向が確認できる。年齢別に、一人当たりの純便益（現金給付から社会保険料と税を差し引いた額）が可処分所得に占める割合を見ると、通常、給付は、高齢者に手厚く、現役世代に薄く割り当てられる。日本もこの点は同じだが、現役世代でも高齢者でもこの割合がＯＥＣＤの平均を大きく下回る（OECD 2008）。日本はあらゆる世代において受益に乏しい財政構造になっているのだ。

「貧困問題」が日本において注目を集めたのは最近のことである。いまの高齢者にとっては、日本に貧困問題があるということじたい、意外な事実かもしれない。かつての日本は平等主義の国として他国にも知られていたからだ。

格差が広がりつつあるのであれば、再分配政策への期待は当然高まらざるをえない。だが、その期待とは裏腹に、再分配政策の財源となる所得は減少し続けた。

図1－1は、世帯類型別の「平均所得」と、所得の低い順に世帯を並べたときの真ん中の順位にある所得である「中位所得」の推移を示している。

一九九〇年代の後半をピークに、世帯当たりの平均所得と中位所得は低下し続けている。高所得層の所得が平均値を引きあげるので、中位所得よりも平均所得のほうが高い。つまり、社会の多数派の所得は、平均的な所得よりも低い状態に置かれているのである。

図1－1　世帯の平均所得の低下傾向

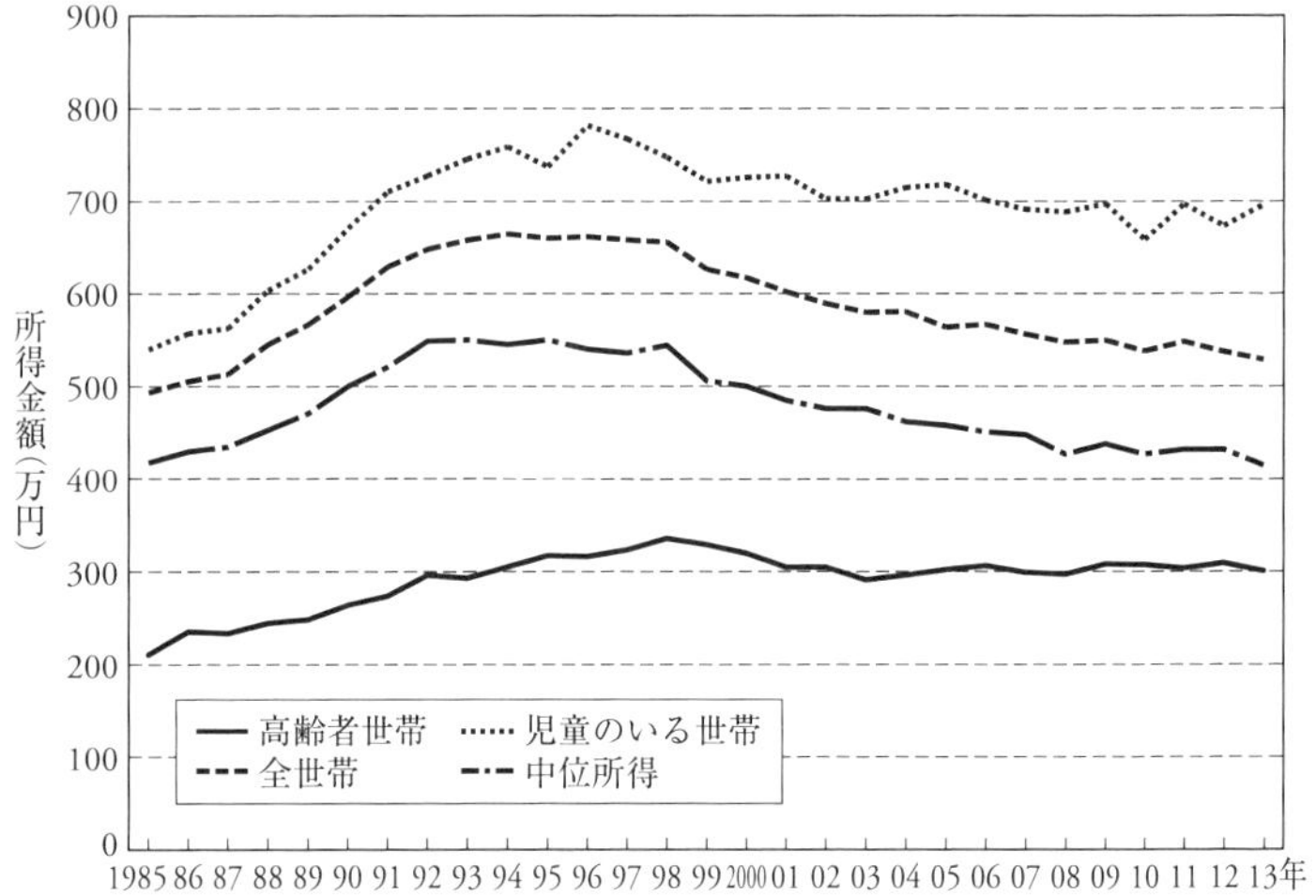

出所：厚生労働省「国民生活基礎調査」より作成.

図１－２　所得分布の変化からみた貧困化の進展

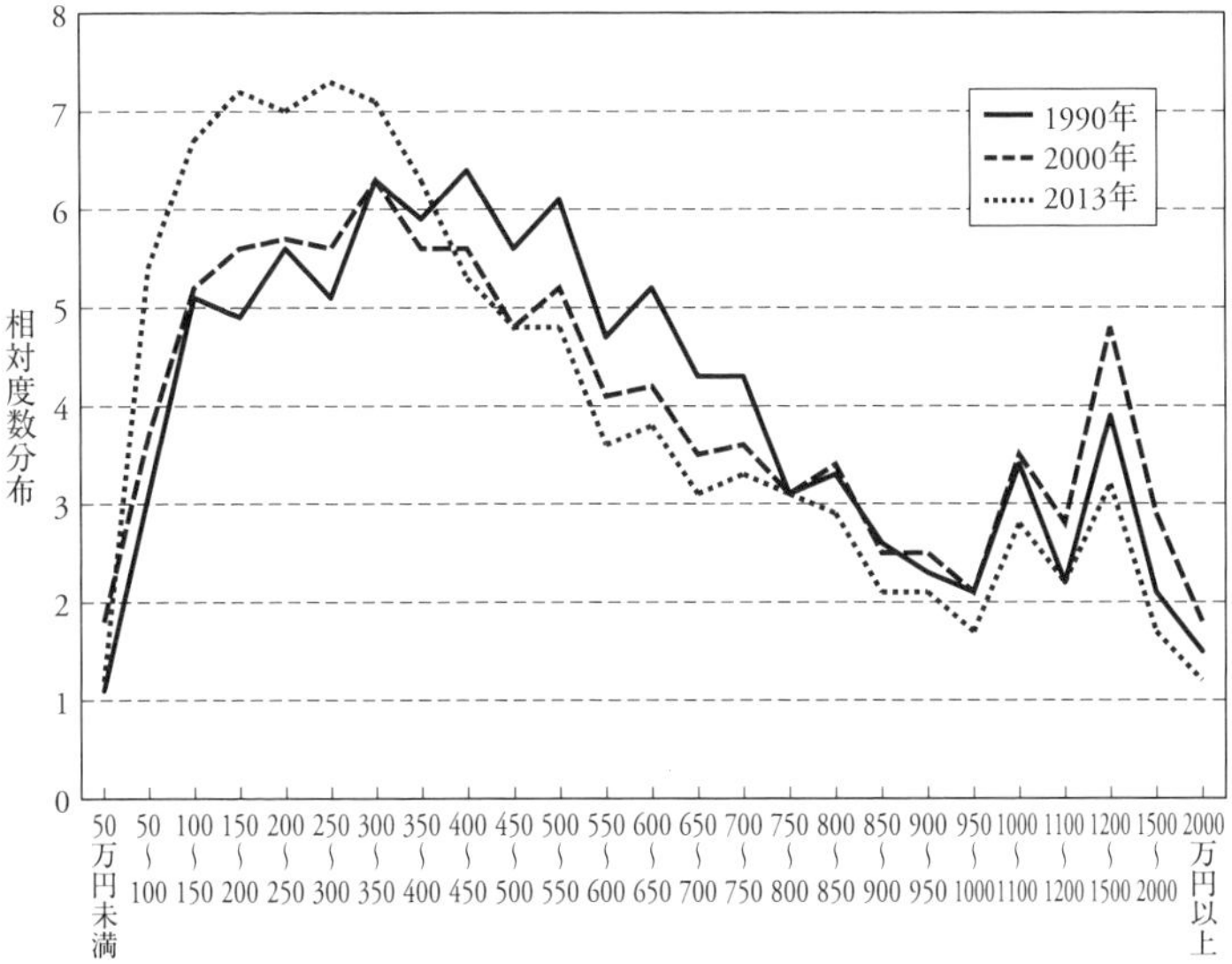

出所：厚生労働省「国民生活基礎調査」より作成.

「国民生活基礎調査」によれば、平均所得以下の国民は二〇一三年段階で全体の六一・二％を占める。所得が大幅に低下し、日本人の生活全体が地盤沈下をはじめているのだ。

所得の低下と並行して進むのが、低所得層の増加による貧困化である。

図１－２は、所得分布の推移を一九九〇年、二〇〇〇年、二〇一三年別に示したものである。

二〇一三年と他の年の違いは、年収四〇〇万円未満の層が増加し、比較的豊かな層の割合が減っている点だ。高所得層と中間層の所得差が拡大したのではなく、中間層の下の方の所得が低下し、低所得層の割合が全体的に上昇したのである。

ここで考えてみよう。

六割以上の人たちが平均所得を下回っている。数の面で多数であるのなら、国政選挙や地方選挙でその意向は反映されるはずだ。実際、社会の多数を占める人びとの所得は減った。大規模な所得再分配政策が打ち出されさえすれば、この層はそれを支持するはずだ。あるいは彼らの方から所得再分配政策を求める声が上がっても、まったくおかしくない。

ところが、事態は正反対である。序章でも指摘したが、日本では所得再分配を支持する人の割合は、国際的に見て低い。

日本では就労世帯や高齢世帯であっても、貧困に陥る可能性が高い。それにもかかわらず、再分配への合意が整っていないのだ。奇妙な話である。

「救済型の再分配」と「共存型の再分配」

この謎を解くには、序章でも紹介した、ある事実にふたたび目を向けなくてはならない。それは、スウェーデンやデンマークなど、いわゆる「大きな政府」の国でも、再分配政策を支持する人はそう多くはないという事実である（序章、図0－1）[1]。

このデータは、私たちの直観に反しているように見える。巨額の財源を調達する「大きな政府」と呼ばれる国では、「再分配政策への支持が高い」と、私たちは考えがちではないだろうか。

実際、所得再分配政策を支持する人ほど、「支出増」と「負担増」の組み合わせに賛成すること

図１－３　高齢者と失業者に対する政策は「政府の責任ではない」と答えた人の割合 (%)

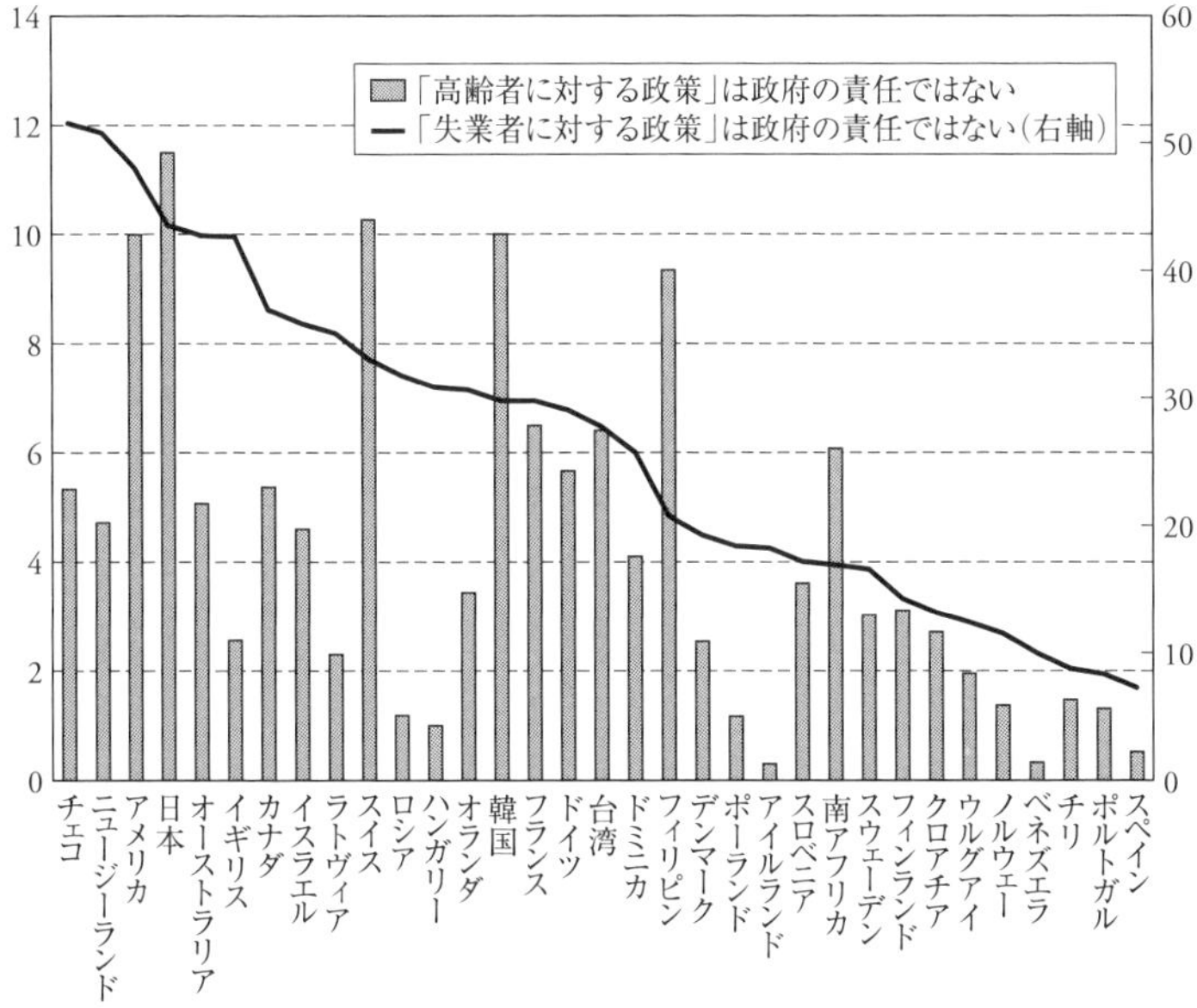

出所：ISSP (2006), Role of Government Ⅳより作成.
注：「高齢者」と「失業者」に対する政策は「政府の責任ではない」「どちらかと言えば政府の責任ではない」と答えた人の割合を示している.

が知られている（Svallfors, 2013）。

それなのに北欧の国ぐにでは、他国と比べて再分配政策への支持が突出して高いわけではない。なぜか。その理由として、「所得再分配」という言葉や概念に対して、それぞれの国民がもつイメージが大きく違っている点が指摘できる。

この問題のヒントを得るために、「ある困難を抱えた人」向けの政策への支持に注目してみよう。図１－３を見てほしい。このデータは、「高齢者に対する政策」や「失業者に対する政策」は「政府の責任ではない」と答えた人の割合を示している。

高齢者への政策を支持する人の割合は、どの国でも多い。歳をとることによって生じる問題は、「自己責任」ではないと認識されているのだろう。高齢者と比較すると、失業者への対策は政府の責任ではないと答える人の割合が多くなる。

そのなかにあって、日本はもっとも高齢者への政策に対する支持が低い国であり、失業者に対する政策への支持も下から四番目である。これに対して北欧諸国は、高齢者にも失業者にも寛容なグループに分類される。

以上のデータから、北欧諸国で所得再分配への支持が低い理由も推測できる。これらの国では、人びとが特定階層にだけ有利になる課税や給付を好んでいないのである。むしろ、誰もが抱える可能性のある「失業のリスク」や「高齢期の所得保障」を重視しているのであり、その一環として低所得層への支出がおこなわれる。

このように、再分配への支持はそれほど高くないが、人びとに共通するリスクやニーズに対処する政策への支持が高い国がある。格差の是正や所得再分配が必要と聞いて、多くの人が連想するのは、少数の高所得者に課税し、低所得者への給付を強化することだろう。だが、リスクの共有やニーズ充足への支持が高い国では、特定の階層から他の階層へのあからさまな再分配はおこなわない財政制度が作られる。そして、多くの人を受益者とするなかで、低所得層にも給付がおこなわれ、再分配が実現している（Jordan, 2013）。

実際には、失業対策や高齢者への所得保障は、典型的な再分配政策である。だが、それを実施する際、「全員に共通する問題かどうか」が重視され、そのことが「結果としての再分配」を可能にしているのである。

このような財政の「作り」は別の点でも重要である。というのも、特定の誰かが受益者になれば、その他の人たちが反発を強めるが、みんなが受益者になれば、負担者と受益者の対立が起きないため、制度や政策への支持が安定し、社会的な分断も生じないからである。

では、反対に弱者の救済を声高にさけぶと何が起こるのだろうか。

おそらくは、「高所得者の道義的責任」を強調し、課税を強化しようとする議論と、「低所得者の自己責任」を強調し、負担増を拒否する議論とが対立して、政治的な緊張が高まるだろう（**Jordan, 2010**）。これは明らかに不要な対立である。

本来、福祉国家は「誰もが直面しうるリスク」に光をあてているはずだ。なぜなら、みんなに共通する事柄でなければ人びとはリスクを共有する気になれないからだ。人間がただ善意で他人のリスクを喜んで引き受けると考えるなら、それは楽観的すぎる。

実際のお金の流れに着目すると、老齢年金や失業保険、医療保険、介護保険、教育、住宅政策などは、負担能力のある人から負担能力のない人への所得再分配となっている。しかし、それを支える「理屈」は、私たち日本人がすぐに思いつくような単純な格差の是正、弱者の救済にとどまらない。社会全体でリスクに備えようとしている点で決定的な違いがある。

別の言い方をすれば、受益者の範囲を広げて、社会全体で課題を共有することで対立を解消する「したたかさ」が再分配政策の肝だということである。これこそが日本の政治に欠けていた視点であり、限定性や選別性、自己責任性を重視してきた勤労国家の負の遺産なのである。

再確認しよう。貧しい人を助ける「救済型の再分配」だけが再分配なのではない。そのような再分配だけで財政ができているわけでもない。慈善心が財政を作ったのではない。人間の必要が財政を作り出したのである。

歳をとって所得を失うリスク、失業するリスク、病気になるリスクなどは、個人で完全に対処するのは難しいし、リスクに直面すると、誰しも身動きがとれなくなる。誰にでも訪れうるリスクをメンバー全員で共有できるような再分配、困った時はお互いさまという意味での「共存型の再分配」も、財政の重要な機能であることを確認しておこう。

「救済型の再分配」が分断を招く

北欧諸国とはさまざまな点で異なる国を見てみよう。ニュージーランドに関するある研究は、興味深い問いを私たちに投げかけてくれる（Skilling & McLAY, 2015）。

同国では所得格差が拡大しており、大多数の人が所得格差は大きすぎると感じている。それなのに、格差の是正に対する支持は、なぜか低下し続けている。

この謎を解くひとつのカギは、貧困層や高所得層が、多数派の人びとからどう見られているか、という点にある。

多くの人びとは自分のことを「中間層」だと感じ、再分配政策の「負担者」になると考えやすい。自分たちの所得が低下し続けているにもかかわらず、だ。実際、ニュージーランドでの世論調査の回答者の多くは、低所得者や福祉の利用者は自分たちとは異なる階層だと答えている。

社会は、プライドや体面も含め、さまざまな価値から成り立っている。現実には中間層からこぼれ落ちようとしていても、低所得層と自分を区別し、「自分がもらえない」のだから「彼らにも払わない」という心理がはたらく。この心理は、困っている人を、そして自分自身をも苦しめることとなる。

ここに示された階層どうしの関係、どの層とどの層が連携するかは、とても重要なポイントである。

高所得層の所得水準が突出して高いとき、私たちは高所得者にだけ課税をしたくなる。だが、どの社会でも高所得者は少数だし、どのくらい富が集中しているかにも違いがあるから、彼らへの課税が実現したとしても、十分な財源が調達できるとは限らない。

一方、中間層が低所得層のことを自分たちとは異なる世界の人びとだと思ったとき、彼らが低所得者の苦しみに共感する可能性は低い。むしろ、負担増に忌避感をもつ高所得者と連携し、お互いの負担を軽くするという戦略、つまり再分配とは正反対の支出削減、租税負担の軽減、低所得層への負担転嫁を支持するかもしれない（Lupu & Pontusson, 2011）。

もちろん逆の動きも起こりうる。高所得層が不当な理由で富をたくわえ、社会のなかで経済格差が理不尽にも拡大していると人びとが考えれば、道徳的観点から再分配政策を求める政治的な動きが勢いを得るかもしれない。

いずれの場合にせよ、警戒すべきは、「救済型の再分配」にとりつかれ、「救済に値する」人を探し出し、その人への支援だけを再分配政策だと決めつけてしまうことである。

制度を作るとき、私たちは、「財源には限りがあるから、支援を本当に必要とする人にだけ財源を投入しよう」「働かない人に多くのお金をあげるのは許せないから、本当に必要な人だけ救済すればいい」という理屈についつい説得されそうになる。

この理屈は正しいように思われる。だが、そうではない。なぜなら「本当に救済に値する人」を正しく判定することなど不可能に近いからだ。

財政が厳しくなってくると、「本当に救済に値する人」という言葉は、弱者切り捨てにつながる政策を正当化するために利用されがちだ。「財政収支のバランス」を優先させるために、再分配の受益者をしぼり込み、対象者を限定する際にこの言葉が使われるのである。結果として、弱者の切り捨てが横行することとなる。

それだけではない。このような理屈が採用されると、次のような二つのルートを経て、人びとの間に分断のくさびが打ち込まれる。

第一のルートは、「救済」を強調することで、かえって「救済の手が届かなくなる」ことによって生じる対立である。

低所得層に給付を集中させる政策にはもちろん貧困を改善する効果がある。ただし、そのためには、十分な財源が準備され、低所得層が実際に受け取る給付額やサービス量がそれなりに大きくなければならない。

ここにジレンマが生じる。財源を負担する中間層や高所得層が受益に乏しいと感じているとき、特定階層への給付の集中に対して、税の負担者である彼らは反発する。こうして、階層どうしの負担の公平性の観点から、低所得者への給付の縮小という主張に説得力が生じてしまう。

ここでいう公平性の意味に注意してほしい。「幸福の平等」ではなく「不幸の平等」という、ゆがんだ公平化が起きているのだ。

序章ではこれを「再分配の罠」と呼んだ。この罠にひとたび陥ると、次のようなプロセスを経て、制度から受益を感じる層とそうでない層との間に相互不信が生じる。

まず、中間層や高所得層が、既存の再分配制度に不満をもち、負担増に反対する。多数派の批判を恐れる政府は、支出の削減に踏み出す。支出が削減されれば、当然のことながら、格差は是正されない。これに対して低所得層は不満をもち、政府の施策に反発する。この対立の連鎖が生じるなかで、不平等が深刻化していく（Rothstein, 2011; Rothstein & Uslaner, 2005）。

この場合、中間層や高所得層は、民間保険によるリスク回避を選ぶだろう。そして、彼らは税・保険料負担の引き下げと、それにともなう給付・サービス量の低下を恐れなくなる。公的制度を利用する階層と、民間の制度を利用する階層へと人びとが分断されてしまうのだ。

第二のルートとして、「救済すべき対象」が幾重にも重なり合うことで、対立が助長されるケースが考えられる。

確かに、貧しい人びとが実際に制度を利用でき、その規模が十分に大きいとき、政策をつうじた格差是正効果は強まる。これは紛れもない事実だ。

だが、誰が「救済に値する人」なのかという、資格対象者をしぼり込むための基準は複数考えることができる。そして、やり方次第では、「本当に困っている人」が、救済措置からはじき出されてしまう。たとえば、同じ中間層であっても、障害をもつ子どものいる家庭もあれば、要介護状態の親と同居する家庭もあるだろう。所得を基準とする場合、こういう人たちは「救済」の対象とはならない。たとえ経済的に恵まれていても、膨れ上がる将来不安のせいで、彼らは押しつぶされそうになるのではないだろうか。あるいは、家族の世話をするために仕事をあきらめなければならないかもしれない。しかし、これらのことは、「困っている」とはみなされない。

制度の対象者を選別することは、所得の多寡を絶対視する態度を生み、ときには、そのサービスが本当に必要な場合であっても、それが受けられないという事態を招きかねない。このことが、社会や貧しい人に対する不満を生み、そのような施策を実施した政府への不信感をもたらし、納税に対する反発を強めさせるだろう。

勤労国家レジームが生み出したのは、まさにこのような「分断型の財政」であった。そこでは、所得がいくら悪化しても、再分配政策は支持しないという心理が広がる。気が重い作業だが、その深刻さをこれから一つずつ見ていくこととしよう。

2　対立し、分断し合う人びと

労働市場における分断

人と人、階層と階層の間には、不要な分断が生じる複雑なプロセスがある。それに加えて、人びとが直面するリスクの「偏り」が、この問題を加速させる。

福祉国家は、誰もが抱える不確実性に備えるために整えられてきた。もし、特定の階層にだけリスクが集中するのであれば、他の階層はそのリスクを共有することに関心をもたないにちがいない。

集中するリスク――、これを象徴的に示すのが労働市場で作られた分断である。

表1－2は就労世帯の貧困率、いわゆるワーキングプアの割合を示している。少なくとも一人が就業している世帯の場合、貧困率はどの国でも高い。しかし、税と給付による再分配後の貧困率を見ると、多くの国で貧困率は低下している。それにもかかわらず、日本では、再分配をおこ

表1－2　就業している世帯の貧困率（ワーキングプア率）の国際比較

	少なくとも1人が就業する世帯で暮らす人の貧困率（%）		成人全員が就業する世帯で暮らす人の貧困率（%）
	税と社会移転を考慮に入れない貧困率	税と社会移転を考慮に入れた貧困率	税と社会移転を考慮に入れた貧困率
ドイツ	8.1	3.3	3.7
デンマーク	9.8	4.0	3.3
イギリス	11.6	4.3	1.8
オーストラリア	11.4	4.3	2.4
スウェーデン	11.9	6.0	5.2
OECD 加盟国平均	――	8.1	5.4
アメリカ	18.4	12.1	7.9
日本	13.5	12.9	12.1

出所：OECD(西村美由起訳)(2015),『OECD 幸福度白書 2　より良い暮らし指標：生活向上と社会進歩の国際比較』明石書店，p. 193.
注：「税と社会移転を考慮に入れない貧困率」の OECD 加盟国平均は，欠損値である．

なった後でも、この階層の貧困率はほとんど改善していない。

この表には難点がある。「働く人数のもつ効果」と「一人ひとりの雇用の質のもつ効果」がうまく区別できないのである。

貧困の原因は失業から生まれる。だが、この表の右側部分が示すように、たとえその世帯の全員が働いていても貧困に陥ることは十分にありうる。全員が働いても貧しいということは、一人ひとりの雇用状態の「質」に問題があるとしか考えられない。

実際はどうか。一般的にいえば、全員が就業している場合、貧困に陥るリスクは激減する。だが日本の場合、「成人全員が就業する世帯」であっても、そのリスクから無縁ではいられない。

たとえば、正規雇用において、勤務期間が長くなればなるほど給与が増加する年功賃金を維持できなくなりつつある（厚生労働省『平成二五年版　厚生労働白書』）。

他方で、年功賃金が適用されない非正規雇用が増加している。しかも、それは若年層において顕著である。近年では、たとえ正規雇用の職につけたとしても、安定した昇給が期待できるとは限らない。年功賃金も企業福祉も内部昇進もない「名ばかり正社員」や「周辺的正社員」はその典型的な例である。

それだけではない。日本の財政の再分配がうまく機能していないことを考えればわかるように、非正規の単身世帯も、将来の貧困リスクにさらされやすくなっている。

やや話が複雑になった。順に説明していこう。

表1－3は、二〇〇二年時点で二〇～三四歳であった人が、五年後にどのような職についているのかを示している。男性の正規労働者であれば、五年後も正規労働者である割合は八割である。一方、初年度に非正規労働者であった場合、五年後に正規労働者となったのは全体の四割であり、三割の人は非正規労働者であった。いちど非正規労働者になると、正規労働者になる確率が低下することがわかる。さらに女性の場合は、男性よりも非正規労働者にとどまる割合が高い。

このように、正規雇用と非正規雇用の間には「移動障壁」がある。まさに、労働市場において分断が生まれているのだ。これは、働く意欲が低いため、はじめて職につくときに不安定な雇用を選ぶ、ということだけでは説明のつかない問題である（四方二〇一一、福井二〇一五）。初職の段階で非正規雇用についた労働者は正規雇用に移行するのが難しい。

表1－3　就業形態の移行に関する調査

（単位：%）

		第6回の仕事の有無、正規・非正規					
		総　数		仕事あり			仕事なし
				正規	非正規	総数	
第1回の仕事の有無正規・非正規	男	(100.0)	100.0	66.1	10.8	93.6	6.1
	仕事あり	(85.5)	100.0	70.1	9.4	96.9	2.9
	正規	(56.6)	100.0	84.7	4.4	98.0	1.7
	非正規	(13.0)	100.0	46.4	34.5	91.6	8.1
	仕事なし	(11.3)	100.0	42.8	19.8	74.3	25.1
	女	(100.0)	100.0	32.0	31.7	70.6	27.2
	仕事あり	(65.7)	100.0	41.9	31.7	80.6	16.9
	正規	(32.7)	100.0	64.8	14.0	79.4	16.5
	非正規	(26.5)	100.0	19.2	55.6	79.8	19.1
	仕事なし	(31.3)	100.0	10.4	32.2	50.0	49.0

出所：厚生労働省「第6回21世紀成年者縦断調査」，結果の概況，表10より作成．
注1：集計対象は，第1回から第6回まで回答を得られている者である．
注2：男，女には，仕事の有無不詳を含む．
注3：「仕事あり」と回答した人には，役員や自営業などもいるため，正規と非正規の合計は「仕事あり」の総数と一致しない．

初職が正規雇用でない場合、低収入かつ不安定な職につく可能性が高まる。それだけではなく、低収入の状態では婚姻率が低下するため、老齢期に単身世帯でいる確率も高まる（厚生労働省「第六回二一世紀成年者縦断調査」）。

収入の不安定さ、医療ニーズ、失業のリスクに備えるべく、これらを財政面からサポートするのが社会保険制度である。

正規労働者は被用者保険に加入しており、そうでない労働者は国民年金と国民健康保険に加入している。これを国民皆年金・皆保険体制という。だが、実際には、保険制度であるため、十分な給与が得られずに保険料を払えない人は、社会的なリスクに直接さらされることとなる。

社会保障制度から疎外される人びと

これは実際に起きている問題だ。

厚生労働省の「平成23年国民年金被保険者実態調査」によれば、非正規労働者のほか、自営業主とその家族である家族従業者において、国民年金の滞納が発生している。

国民年金の滞納は、当人にとって年金の受給資格を失うというリスクを高めることになる。そのことはもちろん、先にも触れたような社会の階層化を強めることにもなる。[2]

保険料の滞納はなぜ生じるのか。それは、制度に対する知識不足や低収入などの理由で生じている。そして、現役時に保険料を払えなかった層は、将来の貧困リスクに直面する。生活保護者に高齢者が多いのは、けっして偶然ではないのである。

医療保険も見てみよう。医療保険では、受診抑制という問題が生じている。この制度のもとでは、国民健康保険料（税）の滞納が続いた人には「短期被保険者証」、特別の事情もなく一年以上滞納した人には「被保険者資格証明書」が交付される。

前者の場合、本人の手元には届かず、自治体の窓口に留めおかれることがあり、後者の場合と同様、いったん医療費を全額自己負担しなければならないことが多い。いずれのケースでも、人びとの医療機関での受診が抑制されることが心配される。

そしてこの心配はすでに現実のものとなっている。

医療機関での受診率の低下は、保険料の滞納とともにはじまる。保険料の支払いが滞るおもな理由は所得の少なさであるが、低収入のために「短期被保険者証」を受け取った場合、「被保険者資格証明書」へと行き着く可能性が格段に高まる（大津・山田・泉田二〇一三）。

健康とは、すべての人間に共通の基礎的ニーズである。しかしそんな基礎的ニーズですら満たせない世帯が続出している。

ようするに、低所得世帯などの社会的リスクにさらされやすい世帯こそが、いまある生活保障の枠組みから排除されているということだ。労働市場における分断が、保険料を支払うのが困難な層を生み出し、社会保険制度からの排除を生んでいるのである。

従来の日本の社会保障政策は、社会保険と生活保護を中心にしてきた。失業、病気、高齢[3]による所得の喪失を、社会保険で対処してきたのである。

一方、高等教育や住宅費、子育て費用は自己負担でまかなわれる割合が高かった。これを補うかのように、企業は長期雇用慣行を作りあげて人びとの就労を安定化させ、政府も公共投資によって雇用機会を作り出してきた。ところが、これらが機能しなくなり、勤労国家レジームの限界があらわになってきたのが現在である。

賃金の下落と非正規雇用の拡大は、生活保障の恩恵を享受できる層とできない層の分断を生む。そしてこの分断は、公共政策をゆがませるような仕方で跳ね返っていく。

他国と比べて日本の非正規労働者は、「規制緩和」、「国家福祉の後退」（ここで言う国家福祉は高齢者に限定した福祉をさす）、「産業支援の選択と集中」を支持しており、また、高齢者になるほど「規制緩和」を支持する傾向にある（丸山二〇一四）。

これまで社会保険制度の恩恵を実感してきたのは、おもに保険料を納められる正規労働者だった。本来であれば救済されるはずの非正規労働者は、おき去りにされる。当然、彼らは、失望する。社会的弱者は、いくら貧弱であろうと福祉を求め、雇用を悪化させかねない規制緩和を支持し、格差を大きくする歳出削減を望む。労働市場の分断性が、ますます弱者を困窮に追いやるという悪循環を生みだしているのである。

近年、非正規労働者への雇用保険や被用者保険の適用拡大が進展している。今後、その範囲をいっそう拡大しなければ、そうした悪循環を止めるのは難しいだろう。

公的保障に期待できない場合、民間のサービスを利用することになるが、収入がなければそれもかなわない。政府や企業を通じた生活保障から除外されていると感じれば、手元の現金収入を増やすための政策を人びとが支持するのは無理もないだろう。「自己責任の罠」はこうして事態を悪化させる。

より事態が深刻なのは、先に触れたように、労働市場における正規と非正規雇用の分断が、若年層において顕著になっていることだ。

この分断によって、働く男性たちの労働への意識が変化しつつある。高度成長期後の一九七〇～八〇年代の日本では、労働者の地位に関係なく、「勤勉な働きぶり」が見て取れたと言われる。

企業が安定雇用と企業福祉を提供し、その「見返り」として労働者は勤勉に働く。そう考えられたのである。[4]

この認識を大きく揺さぶったのが、いわゆる格差社会論である。長期の経済停滞を経て、労働者の多くが非正規労働者になることで、勤労や社会的成功に対する人びとの認識が変化したのである。

WVSや「社会階層と社会意識に関する全国調査（SSP-P 2010およびSSP-I 2010）」には、「働くことは、社会に対する義務である」という考えの是非を問う質問が含まれており、これが「労働倫理（義務としての労働）」を測る指標であると考えられてきた。[5] この労働倫理が、近年変容してきている。具体的に見てみよう。

先の二つの調査によれば、「労働倫理」の水準は世代別に見てもほとんど差はない。むしろ、若年層（男性・八〇年代生まれ）の平均値は先行世代と比べて比較的高い。

だが、若年層の労働倫理を収入別に見ると違いが見て取れる。

米田幸弘の分析によれば、若年層においては、世帯収入の低さが「労働倫理」を低下させている。ただし、それは「労働倫理」の低い人が低収入の仕事についているのではなく、低収入が原因で生じる問題が「労働倫理」を低下させる要因となっているためだ。

さらに、先行する世代では、「成功するための努力が重要」という価値観と「労働倫理」の間で、前者が高ければ後者も高いという強い正の相関関係があったが、七〇年代生まれの男性と八〇―八五年生まれの男性では、両者の相関関係がなくなっている。

反対に、七〇―八〇年代生まれにおいて、「「運やチャンス」によって世の中の成功が左右される」という成功観をもつと「労働倫理」が低くなるという負の相関関係があらわれるようになる。バブル崩壊などの影響を受けたこの世代が、将来への不確実性を強く意識しても不思議なことではない。

米田は、こうした変化を、「互恵的義務の消失」と表現する。組織や企業からの「見返り」が期待できるのならば、人びとは労働に意味を見いだしやすい。だが、雇用の不安定化によって、安定的な雇用や企業福祉が期待できないとすれば、労働を義務とする捉え方は弱まる。

労働政策研究・研修機構の調査によれば、若年層において長期雇用・年功賃金を求める声があがっている。[6] 安定的な雇用を求めて、苛烈な競争に勝ち残って正社員になれたとしても、そこは過重な労働を課す「ブラック企業」かもしれない。努力することの辛さと不確実性とが混じりあうなかで、「勤労」することの価値が鋭く問われている。

他方で若年層に生じているのは、「世の中のためになる仕事」が重要だとする「社会貢献的労働志向」の強まりである。そうした価値観の持ち主ほど労働倫理が高いのは興味深い。若年層において「労働倫理」が低下したのではなく、あらたな変化が生じているのである。

問題はこの層こそが格差是正に懐疑的だということだろう（米田二〇一五）。雇用が不安定化するなか、将来に対する不確実性に人びとは直面しているのである。

放置された「女性の貧困」問題

雇用の分断は、性別間の分断とも深く関わっている。

図1－4は、二〇〇五年の時点で「職が乏しいとき、女性よりも男性の方に就職する権利があると考える」人の割合と、この時点での男女の就業率格差を示したものである。男性雇用を優先すると答えた人の割合が高い国では、男女の就業率格差が大きい傾向にある。

日本の場合、女性よりも男性の雇用を優先する傾向が読み取れる。これは、労働を中心とする社会問題が、男性の問題として考えられてきたことと密接に関係している。

戦後日本では、家計のおもな稼ぎ主は男性であり、女性はその補助的な役割を果たすという価値観が支配的であった。その結果、未婚女性は父親に、既婚の女性は夫に扶養されるのが当然とされ、たとえ貧困に陥っても、家族に面倒を見てもらえるという理由から、「女性の貧困」は政治上の問題とされず、十分な救済制度も整えられなかった。[7]

女性は支えられるもの――、そもそもこのような社会規範が問題なのは、男女それぞれに「自己責任」論を突きつけてしまうからだ。

雇用の非正規化によって所得が減少していく男性は、女性を養う経済力がないとみなされ、晩婚化・非婚化、そして少子化の原因にされてしまう。女性の場合、自分で選んだ結果なのだから、出産や子育てを犠牲にして働かざるを得ないのは当然だと考えられた。ある個人が貧困に陥るリ

図1－4　男女の就労への態度と就業率格差の国際比較

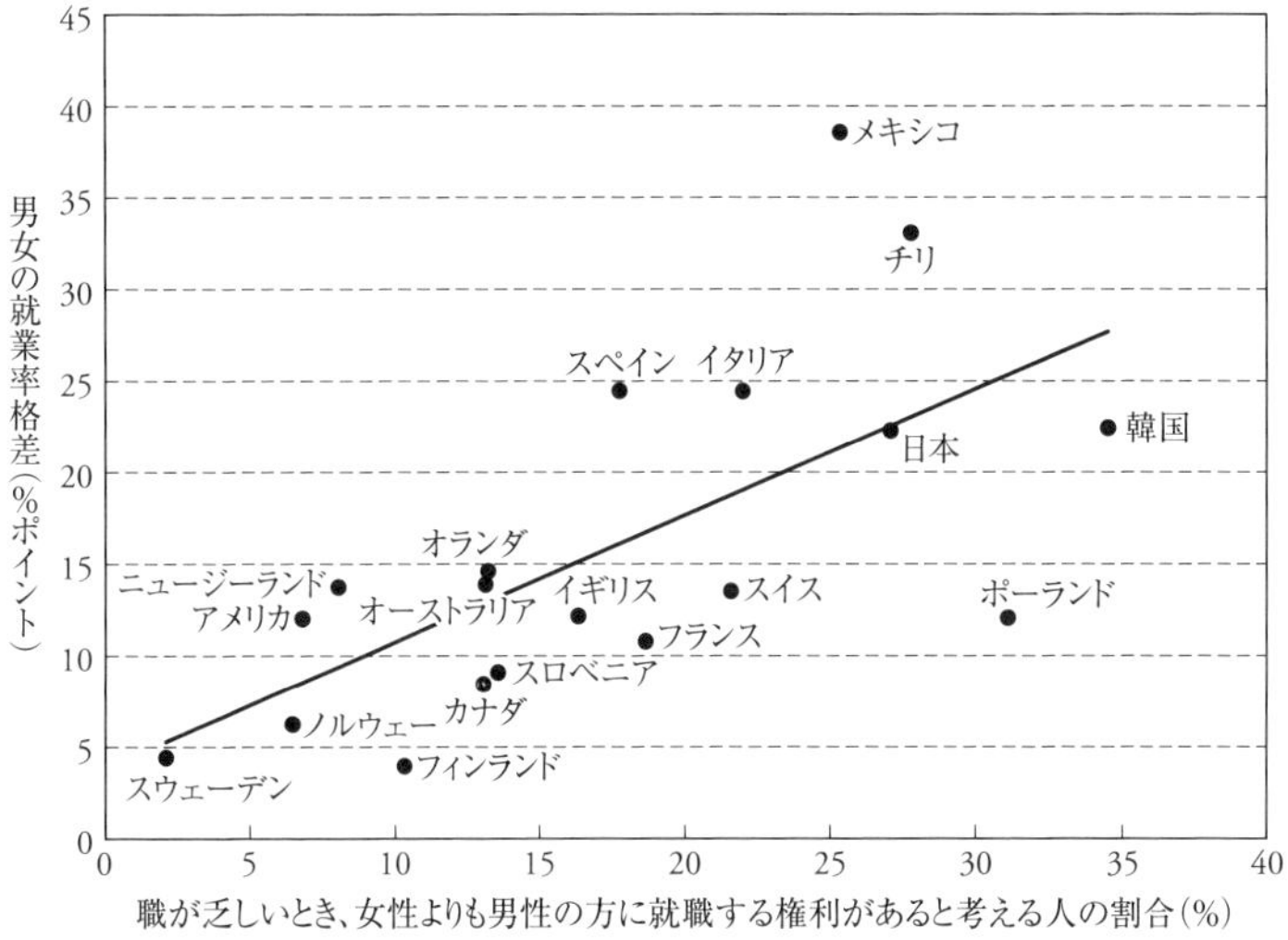

出所：OECD（濱田久美子訳）(2014),『OECDジェンダー白書　今こそ男女格差解消に向けた取り組みを!』明石書店, p.44, 図2－1.
注：男女の就業率格差（%ポイント）は，男性の就業率から女性の就業率を引いた値である.

スクにさらされたとしても、それはその人自身の選択の結果であり、社会が面倒をみる筋合いのものではないと見なされてしまうのだ。

だが、この見方は、男女をともに苦しめる。

すでに表1－3でも示されたように、正規と非正規労働者の間に「移動障壁」ができてしまっているのは男性に限らない。むしろ女性は、男性以上に貧困に陥るリスクにさらされている。それを端的にあらわしているのが、男女の賃金格差である。

図1－5は性別・年齢別の平均給与の分布を見たものである。若年層の男女格差は小さいものの、高年齢層になるにつれて、賃金格差が拡大

図1－5　性別・年齢層別平均給与(2013年)

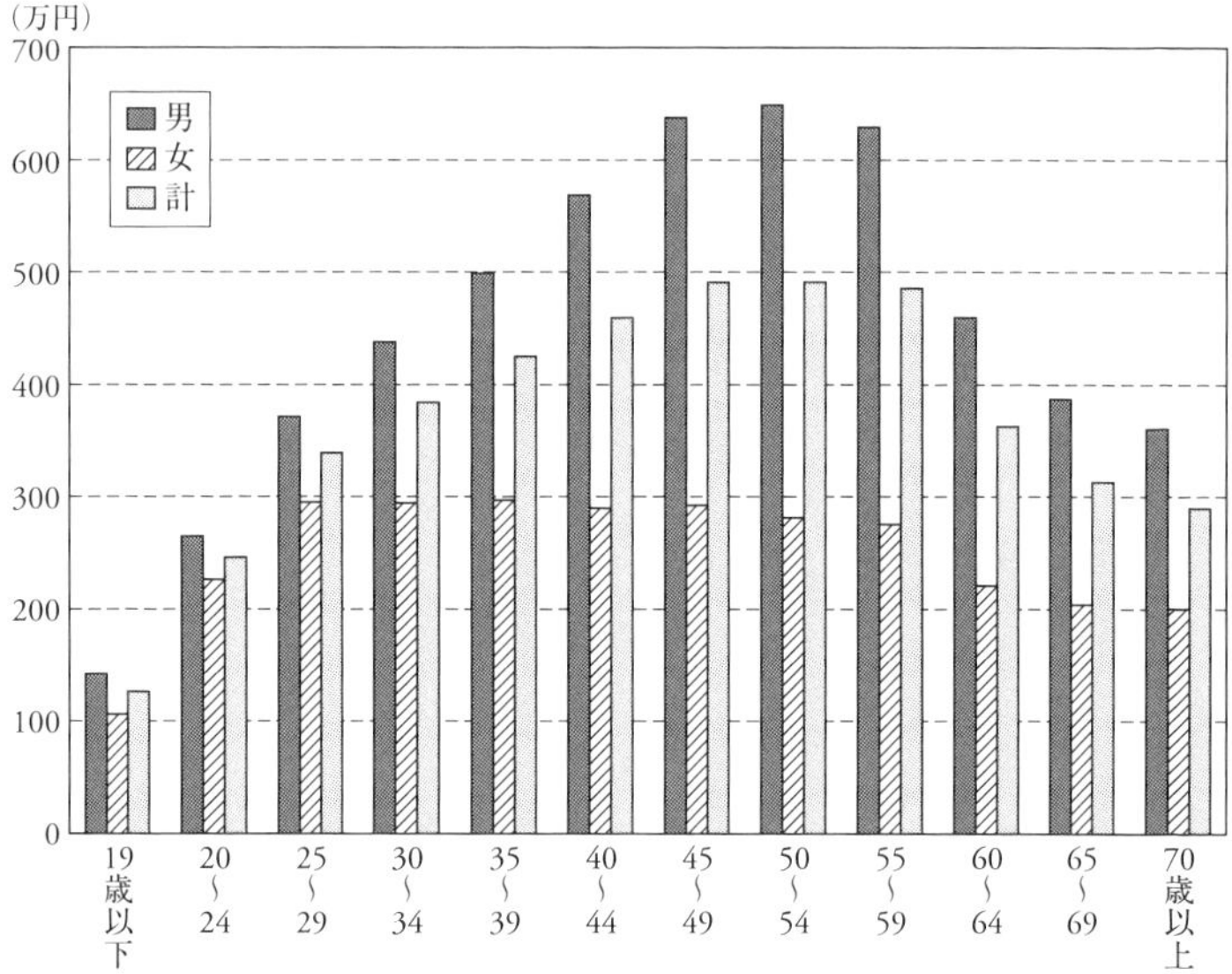

出所：国税庁『平成25年分　民間給与実態統計調査』より作成.

することがわかる。国際的なデータを見ても、日本における男女の賃金格差は高い水準にある(OECD 2015)。

第二次安倍政権は、女性が活躍できる社会と少子化対策をアピールしているが、雇用への不安や将来陥る可能性のある貧困リスクがその障害となっている。

高校生を対象にしたある調査から、現実の一端が浮き彫りになる。たとえば、女子は強い就労意欲をもっているが、雇用に不安をおぼえる女子ほど専業主婦を希望する。他方、将来正社員になれないリスクを感じている男子は、子どもをもつことに否定的であり、女性が働くことには肯定的である(森二〇一五)。明らかに現実と制度がズレている。

雇用が不安定化し、晩婚化・未婚化が進むと、男女ともに単身世帯の貧困リスクが高まっていく。同時に、政府の格差是正に対する若年層の期待も薄れていく。

自己責任を当たり前のように求める社会規範が前提にしているのは、財政をつうじた所得移転ではなく、私的な所得移転（親子間、家族間）である。これを象徴するのが、自民党のマニフェストにも盛り込まれた「自助・共助・公助」の発想である。

確かに、これまでの日本社会では、政府や企業による福祉から排除されたとしても、家族の支えがセーフティネットとして機能していた。

だが、所得水準が全般的に低下するなかで、貧困に苦しむ高齢者が増加し、家族の個人化・分解が進むこの状況を考えると、家族をあてにすることはできないだろう。いまや家族じたいが疲弊しているのである。

図1－6に示されるように、人間どうしの親密度も弱まってきている。自助も共助も困難な現実を無視して、さまざまなリスクを家族に背負わせる政治はまちがっている。さらに言えば、自助や共助を女性に押しつけながら、日本の社会保障を支えてきた「女性」を社会に送り出すという政府の主張は転倒してさえいる。

性別間の分断は、有利な側に立ちがちな男性をも苦しめながら、社会の生きづらさを増幅させているのである。

図1－6　弱まる人間関係の親密度

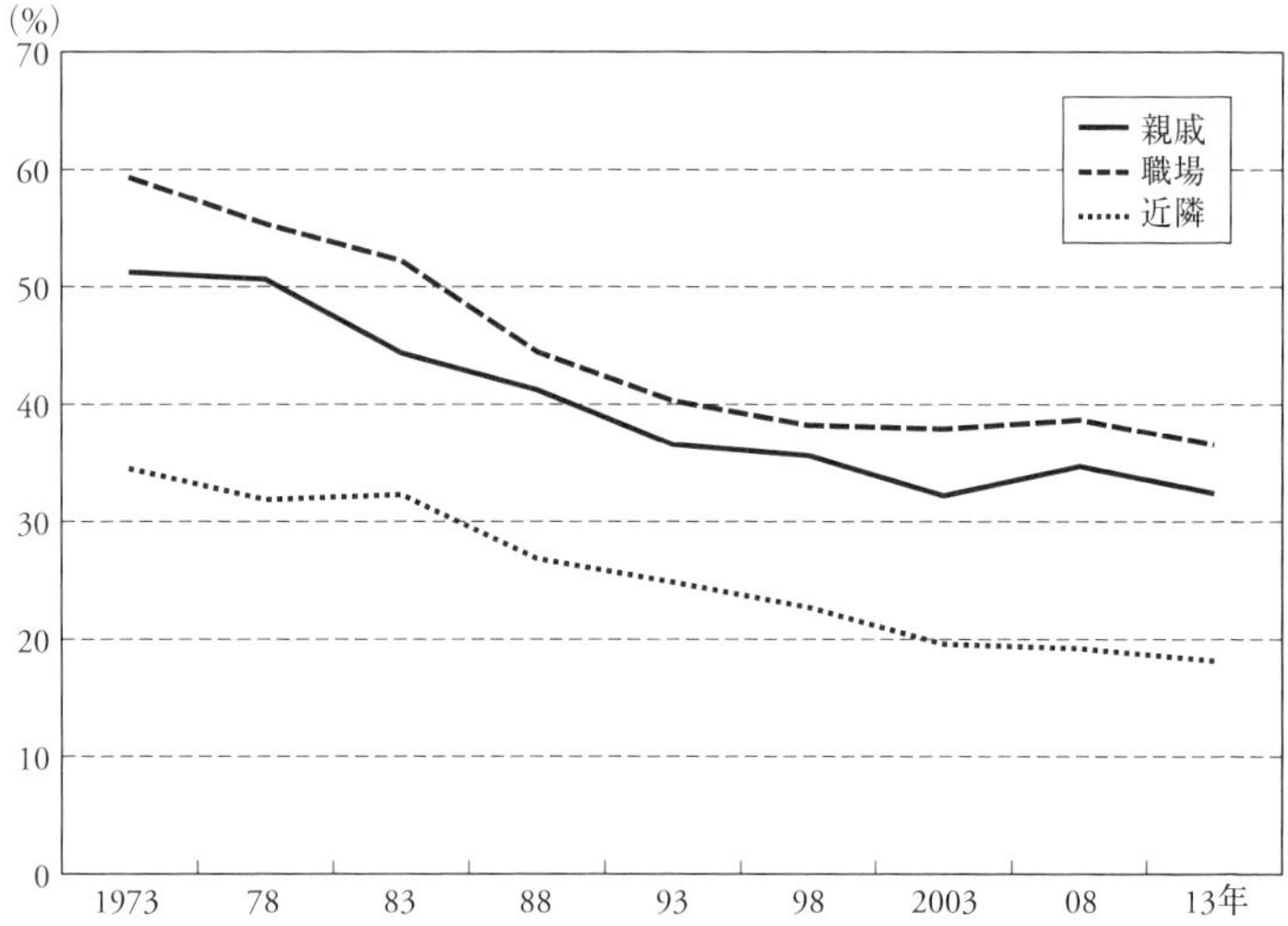

出所：NHK 放送文化研究所編（2015),『現代日本人の意識構造［第八版］』NHK 出版.
注：図は親戚，職場の同僚，隣近所との「全面的つきあい」を望ましいとする回答者の割合.

国と地方の「政府間」対立

私たち日本人が公務員を見るまなざしは厳しい。党派に関係なく、政治家は公務員の人件費削減を主張する。むろん政府への批判的なまなざしは、民主主義がうまく機能するための重要な条件ではある。だが、それにしても日本の公務員批判は、やや行き過ぎの感がある。

批判の背景は多様である。第二章でもこの点に触れるが、ここでは「市民を雇わない」ことで人件費を抑えてきた行政改革の流れを押さえておきたい。

日本では、一九六九年に施行された「総定員法」によって、公務員の総数をコントロールしつつ、人件費を抑制してきた。公務員の給与は、人事院勧告によって決まるようになっているため、人件費を抑制するには公務員の人数を減らすのが効果的だったからである（前田二〇一四）。

福祉国家が成熟していく過程では、フランスや北欧諸国を中心とする多くの国が、公務員の雇用を増やしてきた。ところが日本では政府の規模が拡大する時期に公務員の雇用を抑制したのである。このことが日本にもたらした影響は大きかった。

まず、景気変動に対する雇用の「打たれ強さ」が生み出されなかった。

公共部門は民間部門とちがって、不況期に勤務者の数を大胆に減らすことはしない。ヨーロッパでは、現物給付を含む諸サービスを提供するために、女性を公的部門で雇用することが多かった。男性正社員の雇用が不安定化しても、女性の雇用が確保されていることで、世帯所得が低下してもそれを乗り切ることができたのである。

経済成長が停滞し、男性が稼ぎ主となる条件が揺らぎはじめると、女性の就労は重要な問題となる。しかし、公共部門でも民間部門でも非正規雇用化が進んだ日本では、世帯所得の上昇は期待できず、こうしたかたちでの生活保障は容易には進まない。

もう一点、強調しておきたいのは、公務員批判の文脈で、国と地方の「政府間」対立が生み出されたことである。

現在のように、政府が巨額の債務を抱え込んでいる状況のもとでは、人件費の抑制が強く求められる。一方、公共部門では、現在の人員を減らすことは難しい。その結果、新規採用数を減らし、雇用の非正規化を進め、一人当たりの労務費を切りつめていくしかなかった。

図1－7に示されるように、日本はそもそも小さな政府であったが、二〇〇〇年代をつうじてますます小さな政府へと転じたことがわかる。

公務員の数が減り、賃金がカットされれば、地域経済に少なからぬ影響を与える。日本ではその過程で財政再建が最優先されてきた。本来、地域経済が弱体化することによるデメリットと、ムダの削減によるメリットの比較検討は慎重になされなければならないが、そうした形跡はほとんど見いだせない。

そして、賃金をカットする過程において、国と地方の「どちらがよりムダ遣い」をしているかという批判合戦が繰り広げられた。

国家公務員と地方公務員の人件費を比較するためのラスパイレス指数が各地で作成され、引用された。どちらが良いサービスを提供するかではなく、どちらがムダかを人びとは問われ続けたのである。

いくら制度的な問題とはいえ、常識的に考えて異様なのは、非正規雇用の経費が物件費として計上されるのを利用して、人件費を物件費に移し替えながら自治体の経費削減がおこなわれたことである。

生活に必要なサービスは、高齢化が進展し、女性の社会進出が進むのにともない、増えていった。一定数の公務員はどうしても欠かせなかった。その際、国と地方の政府どうしの分断が進む

図1－7　労働力人口に占める一般政府の雇用の割合

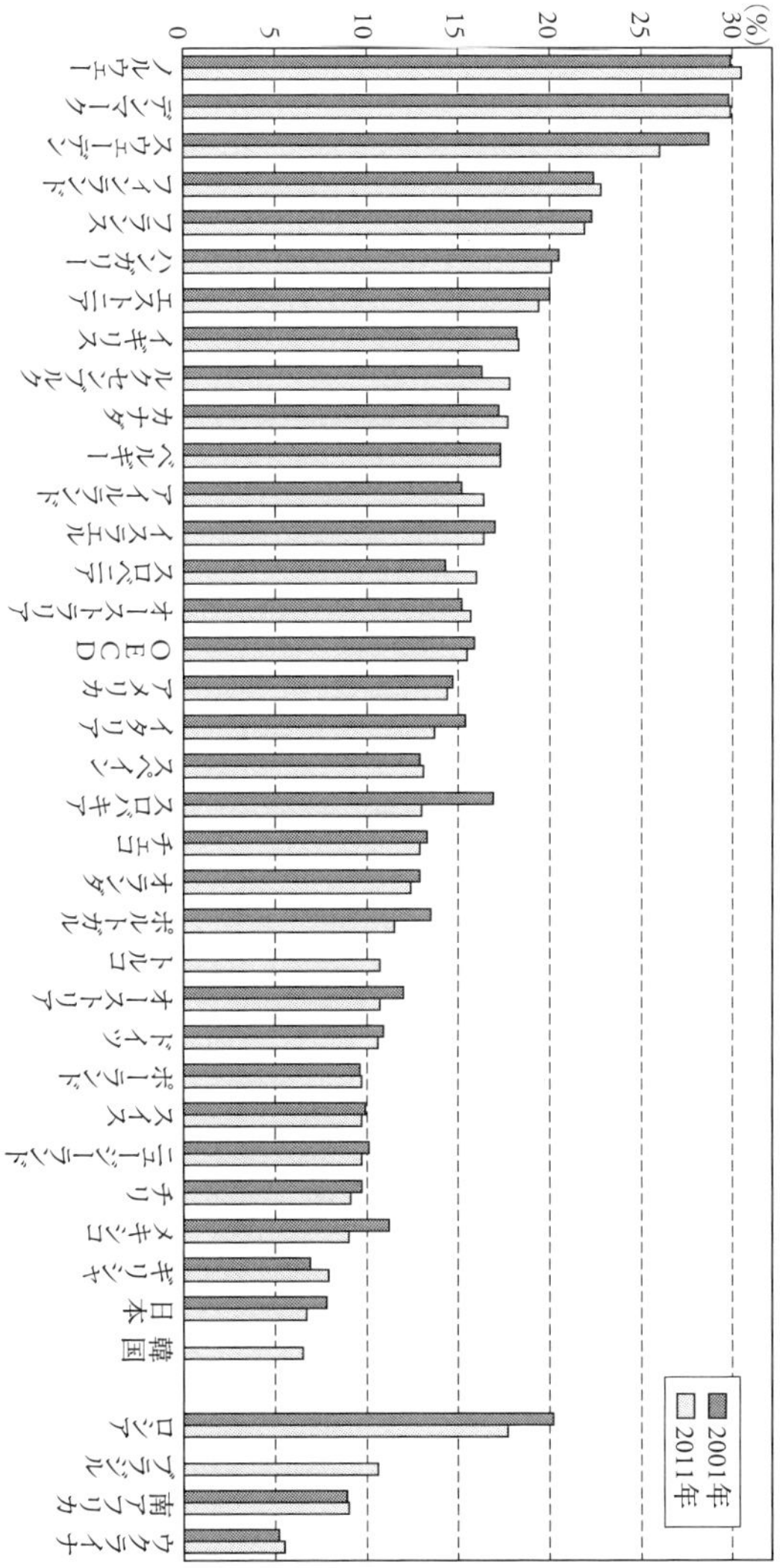

出所：OECD (2013), *Government at a Glance 2013*, OECD Publishing, Paris.

なかで、非正規労働者の雇用を増やしたのは、その方が人件費が安く済むというだけの理由だった。政府の規模が拡大する時期に雇用を拡大していれば、このような事態に陥らずに済んだはずである。

都市と農村がいがみ合う社会

第二次安倍政権のもとで、新たな動きがこれに加わった。日本創生会議の報告書、いわゆる「増田レポート」をきっかけとして、地方自治体の消滅が喧伝され、「地方創生」と呼ばれる施策が導入されたのである。

同レポートは、二〇一〇年から四〇年にかけて「二〇-三九歳の女性人口」が五割以上減少する市区町村を「消滅可能性都市」とし、都市部も含めた自治体消滅が起こりうると警告した。

このレポートは衝撃をもって各界に迎えられた。レポートを一読すればわかるように、自治体消滅論の基本的な発想は「選択と集中」である。東京・大阪・名古屋の三大都市圏への人口流出を食い止めるべく、地方の大・中規模都市で人口をプールするための「人口のダム」を作ろうと提案したのだ。

この方向性は、過疎地域や中山間地域からの撤退、あるいは投資の縮減を黙認することを意味していた。農山村から三大都市圏への人口流出は否定される一方、地方の大・中規模都市への人口流出は肯定されるというこの論理は、にわかには納得しがたい。農山村の衰退という点では両者は何も変わらないからだ。

安倍政権は、日本創生会議の「選択と集中」路線とは一定の距離を取り、地方への交付金を積極的に準備した。だが、問題の本質はそこにはなかった。

バラマキを正当化する理由があれこれ考えられることは珍しくはない。地方創生をめぐる議論の本質は、農山漁村からの撤退を正当化するメッセージが政治的な影響力をもち、突き詰めれば、農山漁村の「生存」を軽視する議論が公然とまかり通ったことにあった。

このような地域間の分断は、突然に起きたものではない。そうではなく、二〇〇〇年代に入って一気に表面化した、都市住民の農山村に対する「共感の希薄化」のひとつのあらわれであった。

ひとつ印象的なデータを示しておこう。地域の将来に不安を感じるかどうかを尋ねた内閣府の調査によると、東京の都区部の住民の三四%が不安だと答えたのに対し、町村の住民は五八%が不安だと回答している。都市部の住民と地方部の住民の意識格差は数字のうえではっきりとあらわれている（内閣府二〇一四）。

このような認識のズレは、地方への財源移転に対する批判を生み出した。第二章でも取りあげるが、二〇〇〇年代に入ると公共事業に対する執拗なまでの「ハコモノ批判」が展開された。容赦のない批判が繰り返された結果、公共事業予算はピーク時から半減し、兼業先を失った農家は耕作を放棄した。地方部から東京圏への人口流出も臨界点に達した。そして、とうとう自治体消滅が喧伝される事態に立ち至ったのである。

この動きと軌を一にするように実施されたのが、小泉政権下の三位一体改革だった。地方が課税をおこなう領域を三兆円増やしたのに対して、国から地方への財源の移転は約一〇兆円も削減された。自治体は大混乱に陥った。戦後地方財政史に残る惨事が、自治体関係者の記憶に刻印されたのである。

こうした地方切り捨ての動きは、都市部住民が政治的多数者となる一方、中間層の所得水準が低下し、厳しい財政事情のもとで利益分配メカニズムが弱体化することで浮上した。地方住民の既得権益に切り込むかたちで、財政規模を圧縮し、租税負担を軽減化する圧力が強まったのである。

増田レポートののち、『中央公論』誌でレポートの第二弾が発表された。そのなかでは高齢者の地方移住が推奨された。

人間は関係のなかで生きている。だが、このレポートは、経済的に見て効率が高まるというだけの理由で、そうした関係性から高齢者をひき剝がし、生活の場を変えるよう彼らに推奨する。「姥捨山」一歩手前のこの思想が平気で語られ、都市と地方の自治体が果たすべき役割を国が「設計」する。このような動き、いや発想そのものを黙認してよいはずがない。

国と地方、都市と農村、こんなところにまで分断線は刻み込まれているのである。

地方自治体が打てる数少ない対策は、他の地域を蹴落とし、競争に打ち勝つことで、企業を誘致し、移住者を増やすことだった。図1－8が示すとおり、地域間の所得格差は二〇〇〇年代に

図1－8　地域間の所得格差（ジニ係数）の推移

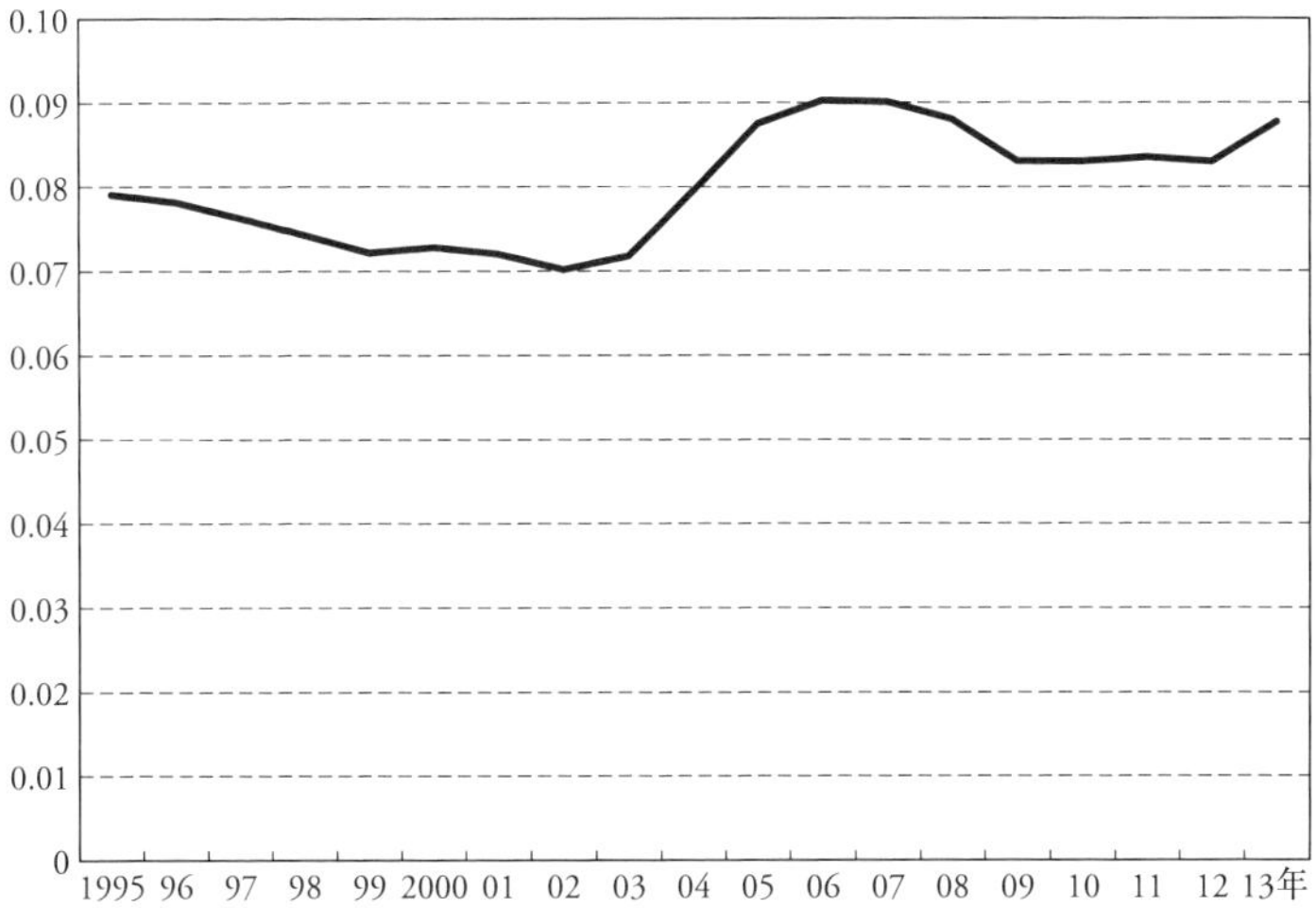

出所：総務省『市町村別決算状況調（各年度版）』より作成.
注：地域間の所得格差の指標は，市町村別の納税義務者1人当たりの課税対象所得のジニ係数である.

入って、明らかに大きくなった。このような対立を煽る動きは、自治体間の協力を必要とする政策を阻害さえするだろう。住民の利益は置き去りにされながら。

分断を利用した負担増――世代間公平論

最後に、日本の財政問題や社会政策の議論における不幸な論点、いわゆる世代間公平性について触れておきたい。

世代間の公平性は、もともと年金制度の財政方式と関連して、賦課方式か積立方式かをめぐる議論が主戦場だった。賦課方式とは、現役世代が高齢者世代の年金を支えることであり、積立方式とは、将来受け取る自分の年金を現役世代のときに積み立てていくことである。この二つの方式のどちらがより公平かが、これまでの争点となっていた。

ところが、賦課方式から積立方式への移行にともなう「困難」が広く認識されてきたこともあり、近年この議論は後退している（横山二〇一五）。そして、税の負担のあり方や社会保障の給付のあり方、そして資産の相続も含めて広い文脈から、世代間の公平性が論じられるようになった。

本来、高齢者の所得保障は、高齢者の経済的な負担を広く社会で分かち合うためのものだ。結果としてそれは、高齢者の利益となるだけではなく、現役世代が自己負担で両親の面倒をみる責任から解放されるという意味で、現役世代のメリットでもある。いつかは誰もが高齢者になる以上、高齢期の所得が保障されることは、自分の将来設計に安心感を与えるはずだ。

だが、序章でも指摘したように、これは高齢者向けの社会保障に限定した場合の話である。教育や育児・保育などのサービスを考慮に入れると、「必要ギャップの罠」によって世代間の対立が引き起こされる。事実、日本における教育や就学前教育（保育）、労働政策などへの支出はかなり少ない。

問題はこれにとどまらない。「世代」をめぐる議論は相当にねじれている。この問題は根が深いため、第二章で改めて検討する。ひとまずここでは経済財政諮問会議を舞台にした議論を紹介しておこう。

二〇一五年の経済財政諮問会議の資料では、社会保障改革における論点の一つとして、「マイナンバーの活用を前提にしつつ、金融資産等の保有状況も考慮して負担能力を判定する仕組み」

へと転換し、「高所得者の基礎年金国庫負担相当分の年金給付の支給停止を実施する」ことが提示された（内閣府『第六回経済財政諮問会議（平成二七年五月一九日）資料一－一』）。

年齢別に平均純資産をみると、「平均的」には、高齢者の純資産は若年層を上回っているため、高齢者には負担能力があるかのようにみえる。[8]

だが、生活保護受給世帯の四割が高齢世帯であることからも推測できるように、高齢「世帯内」の内実はきわめて多様である。実際、日本の高齢世帯は、中位所得の二分の一以下の層がきわめて多い。しかも、高齢期には医療費などによって貯蓄が簡単に消えてしまうため、貯蓄が多ければ裕福だと簡単には断定できない（藤田二〇一五）。

負担能力のある受給者への年金の支給を停止するという提案が、「公平性」という視点から平然と語られている。特定層を狙い撃ちにする議論がおこなわれているのである。

この年金支給停止をめぐる議論には、これまで検討してきた分断線が集約された側面もある。

政府税制調査会では、少子高齢化に関して、次のような指摘がなされた。

①高齢者へと社会保障が集中し、結果的に再分配機能もこの層に集中している、
②富裕な高齢者は子どもに資産を残し、子はその資産を次の世代へ残すという連鎖が再生産されている、
③他方で、日本は地域や家族が社会保障の代わりを務めてきたが、人口構造の変化と世帯の多

様化によって、たとえ家族と同居しても貧しい高齢者は救済できない、と。[9]

世代間の対立＝必要ギャップの罠、所得階層間の対立＝再分配の罠、社会保障を自分たち自身でなんとかする＝自己責任の罠が凝縮されるなかであらわれてきたのが、「高所得者の基礎年金国庫負担相当部分の年金給付の支給停止」のような、対象者を限定し、選別する政策なのである。

理論的には、年金課税を強化したり、不要な控除を整理したりすることで負担の調整は可能であるし、その方がふさわしい場合もある。しかし、若年層と比較して、「平均的」に高齢者は豊かだという事実ばかりがクローズアップされ、政治的に利用されているのが現状である。

一部の高齢者の年金受給権をなくし、給付をカットするという政策は強引である。高所得者や資産のある人に応分の負担を課したいのであれば、所得・資産課税を用いるべきだ。困っている人を助けてあげるのではなく、豊かな人を引きずりおろすことで受益や負担を均衡させようとする政策は、恨みや怒りを呼び起こしかねない。

3 「三つの罠」が生み出す分断社会

人々を分断する「低位均衡の財政」

所得階層間、雇用形態間、性別間、政府間、地域間、世代間――、私たちの社会には数多くの分断線が引かれている。最後にもう一度、この分断線と序章で示した三つの罠との関係を整理して本章を閉じることとしよう。

社会的分断があるときに、あるカテゴリーと別のカテゴリーが比較され、「公平性の観点」から負担増が正当化されることがある。だが、この「公平性」が曲者であり、世代間の公平であれ、地域間の公平であれ、所得階層間の公平であれ、「優遇されている層」と「そうではない層」を対立させ、前者の負担を正当化する議論が展開される。

このような議論のあり方が社会的分断を強化していることを確認しよう。そして、この優遇されている、されていないという区別じたい、それぞれの立場で主張され、レッテル貼りがなされているのであり、いくら精緻な議論をしたところで、それが「公平」だと言いきれるかは疑念が残るのである。

この疑わしい「公平」の結果として実現されるのが、特定の階層に負担を課す、あるいは特定の階層の受益を削るという意味での「再分配」である。これを「低位均衡の財政」と呼ぶこととしよう。

ここで起きているのは負担増と受益の切り下げ合戦である。せまい範囲で課税をすれば、財源調達に失敗し、格差の是正に必要なお金を確保できなくなる。さらに、特定の階層への支出を強めれば、租税抵抗が起きる。これが「再分配の罠」である。

格差是正に失敗する財政制度に対して、人びとは信頼を抱かなくなる。この場合、政治的に合意を得やすい政策は、支出削減になる。おまけに財政当局である財務省はこれを全面的に支持する。そしてその支出削減は、赤字削減こそが本当の目的であることを隠しながら、「公平性」という理屈で正当化される。議論は明らかにおかしな方向に向かっていく。

この議論の過程では、資源は無尽蔵ではないため、「本当に」救済を必要とする人に財源を投入することが正しいことと考えられるようになる。

では、「本当に」救済を必要とする人とは誰だろうか。私たちはそこで、「誰が救済に値するのか」という議論をはじめてしまう。それを識別することは不可能に近いにもかかわらず、あたかも客観的な基準があるかのごとく、である。

しかも、そこで展開される議論はきわめて道徳的な色彩を帯びる。「本当に」困っており、自分では対処できないような困難を抱えながらも、私たちの社会に従順で、感謝の念を示しており、かつて社会に貢献したことのある人ほど、「救済に値する人」だと認識されやすいからだ(Oorschot, 2000)。

この図式は、救済される人間を間違いなく屈辱的な状況に追い込む。こうして分断線が社会に切り入れられる。せっかく救済してもらっても、少しでも、あるいはごく一部でも不正な行動を取ろうものなら袋叩きにあい、「自己責任」を理由にさらなる救済の削減があっさりと認められる。

自己責任を重視してきた歴史をもつ日本社会では、バブル崩壊後、自らの生活に安心できなくなった人びとが疑心暗鬼に陥り、より厳格な自己責任の適用を弱者や既得権をもつ者に要求した。それに応えられなければ猛烈な批判を受け、その結果、相互不信が社会に蔓延した。これが「自己責任の罠」の現実の姿である。

このような問題があるにもかかわらず、分断された社会で私たちは、先に述べた言葉を使って、ついつい議論をしてしまう。あの人は「本当は」困ってはいないのだ、あの人は自己管理能力が低すぎる、あの人の「態度」は受給者にふさわしくない、あの人は社会に何も貢献していない……と。

だが、このような議論から生まれてくるのは、サービスの利用者への負担を強化し、受益を切りつめる論理でしかない。欠乏感に苦しむ中間層にとってはよいガス抜きにはなるだろう。だが、誰も幸福にならない不毛な論争に膨大なエネルギーが費やされる。

想像力の欠如が分断を深める

こうして私たちは、対立する必要のない「優遇される者」と「優遇されない者」とを不要な敵対関係へと追い込んでしまう。しかし、それはあまりにも虚しい対立である。

たとえば、高齢者を支えるための支出を社会全体で拠出すれば現役世帯の自己負担が軽減されるというメリットがある。ときには介護問題のように、家族が背負い込んだ肉体的・精神的負担さえも、みんなで分散して分かち合える。高齢期の所得保障は現役世代の利益にもつながっているのだ。

子育て世代への支出も同じである。働くことと子育ての両立支援が適切に強化されれば、社会全体の労働力は増す。それは経済成長率を高め、税収も増やす。子どもや若年層が安心して生活できることは、高齢者も含めた社会全体の利益になる。

ようするに、「必要ギャップの罠」は想像力の欠如に大きな原因があるのだ。私たちは日々の生活に追われ、誰もが豊かになれる理想的な世界を想像する余裕を失ってしまっている。

「必要ギャップの罠」は、世代「内」の「公平」ともかかわっている。たとえば、子どもがいる世帯とそうでない世帯とで同じ税額というのは不公平だという考え方がある。このことは、当然のように世代内の利害対立を生む。

だが冷静に考えてみよう。いかなる人間も未来の予測などできない。人間は年金をもらう前に死ぬかもしれないし、予想以上に長生きするかもしれない。予想外に子どもをもうけることだってありうる。

あるいは、子どもがいないということは、歳をとって子どもに助けてもらえないということだ。いまは仕事や貯金があっても、いつ病気になるかわからない。子どもがいないのに払わされた税を、養老や介護で取り戻すかもしれない。

「この利益にはこの負担」というのであれば、市場でモノを買い、民間企業の保険に入ればよい。だが、人間は未来を予測できない以上、病気や怪我などの理由で、生きていくための「必要」を満たせなくなる場合に備えて、さまざまなリスクを分散し合い、そのための負担を分かち合う準備をしておくことには意味があるはずだ。

もし、それが無意味だというのなら、社会などいらない。ただし、リスクが直撃すれば悲惨な人生だけが残される。人生はギャンブルではないはずである。

落ち着いて考えれば当然のことであっても、財政に対して多くの不信感がもたれるのは、社会的分断によって、リスクが個人化されているためである。

ヨーロッパであれば、教育や医療、育児・保育など、無償化されたり低料金化されたりしている領域が少なからずある。ところが、日本ではそのような領域が義務教育を除くとあまり存在しない。低所得層の利益、農村の利益、障害者の利益、母子家庭の利益、そういった個別利害のかたまりなのだ。

この結果、財政は利益分配の争いの場と化す。本来は自分自身で対応すべきことなのだから、公共サービスを利用する以上、過重な負担を課されても仕方がない、そのような正当化が抵抗なくおこなわれている。

一度このような公の議論の場が設定されてしまえば、再分配政策や生活を豊かにするための議論をすることは難しくなってしまう。所得や資産に着目して負担のあり方を考えることは当然のことだ。しかし、それが、「救済に値する人」を探すために使われてしまえば、負担の回避と受益の削減、自己責任という名の弱者の放置、尊敬すべき人への罵倒、これらをつうじて三つの罠をますます深刻なものとする。

いまの日本が置かれているのは、連帯を望み、公平を求めるリベラルな意味での社会の危機である。だが、注意すべきは、リベラルの追求するもっとも重要な価値である「連帯」や「公平」のための主張が、保守層の好みに即してリベラルとは正反対の意味で用いられているということだ。

しかし、それは保守層の罪ではない。そもそもの問題は、保守層の訴える「公平性」が意味をもつような財政がある、ということだ。これをうながすのは、社会の分断性だ。そこで生じた亀裂が、保守層による「公平性」の解釈によって深まっていくという悪循環、ここに問題の淵源がある。

いまある分断線を解消する方策を示さない限り、リベラルの求める価値は実質的な意味をもちえない。それどころか、彼らの嫌悪する世界を作ることに貢献さえしてしまう。

活路を見いださなければならない。何も打つ手がないわけではない。実際に、いくつかの国は、不平等な国から平等な国へのシフトを成し遂げている。この点はあとで触れよう。

しかしながら、いまの私たちは「分断社会の論理」の前に立ち尽くし、思考が完全に停止した状態にある。「過度に人びとの分断をうむ議論は控えるべきだ」という当たり前の主張がいかに難しいことか。そして、今日の財政をめぐる議論がいかに偏見に満ちたものであるか。次にこの点を明らかにしておくこととしよう。

1――スウェーデンやデンマークは格差が小さい。そのため、人びとはそもそも格差是正を望んでいない可能性がある。この推論は説得力がある。しかし、この見かたでは、所得の格差が大きい日本とアメリカでも再分配政策への支持が低い事実を説明できない。

2――実際問題としては、保険料を滞納しているからといって、現役世代の負担が増加するわけではない。保険料収入の減少は、将来の年金支出の低下によって相殺される。むしろ、保険料滞納によって無年金者や低年金者が増加することが問題になる。年金制度をめぐる論争の整理検討と、今後の展望については横山（二〇一五）を参照せよ。

3――公的年金制度には、老齢年金に加えて、遺族年金と障害年金がある。確かに規模に差はあるが、公的年金制度から受益を得ているのは高齢世帯だけではない。

4――以下の記述については、米田二〇一一、二〇一四、二〇一五を参照せよ。もちろん、いわゆる日本型雇用は日本全国の企業で観察されるものではない。

5――WVSには「たとえ余暇時間が減っても、常に仕事を第一に考えるべきだ」（仕事中心性）、「働かずにお金を得ることは、恥ずかしいことである」（不労所得への忌避感）といった質問項目が存在する（米田二〇一五）。

6――独立行政法人労働政策研究・研修機構「第六回勤労生活に関する調査（二〇一一年）」http://www.jil.go.jp/kokunai/reports/report001.html

7――「女性の貧困」が見えにくくなる構造については、江原（二〇一五）の分析に依拠している。

8――政府税制調査会「第一五回会議資料　財務省説明資料　経済社会の構造変化〜家計、再分配の変化〜」

9――白波瀬佐和子「少子高齢社会における世帯・家族と再分配のあり様――二つの世代間移転」政府税制調査会二〇一五年七月三一日報告資料。

第二章

恫喝と分断による「財政再建」

社会の分断を加速させるような議論が望ましいはずはない。それにもかかわらず、財政再建論議においては、この分断を最大の推進力として議論がおこなわれてきた。

一九九五年に財政危機宣言が出された後、小渕恵三政権期の迷走を経て、二〇〇〇年代には財政再建が政治的な最重要課題のひとつとして位置づけられるようになった。

日本の政府債務が他の先進諸国に類を見ない規模に膨れあがっていることを思えば、財政を「健全化」すべきことは誰の目にも明らかである。

だが、財政の状態がよくなることと、人間の暮らしや社会のあり方がよくなることとは別問題である。たとえ財政収支が改善しても、財政再建を至上命令とすることによって、誰もが必要とする重要な支出が切り捨てられるかもしれない。あるいは、支出削減が自己目的化し、「すり込み」や「思い込み」を生んで、社会を意図せざる、望ましくない結果へと導くかもしれない。

以下にとりあげるのは財政問題をめぐる常識である。その常識がいかに誇張され、矛盾に満ち、社会を分断へと導くものであったかをえぐり出すのが、ここでの課題である。

1　財政危機がやって来る？

何度も修正されてきた財政「健全化」の定義

「日本の財政は危機的状況にある。すぐに財政を健全化させねばならない」

私たちは、何度も何度も、こうした主張を聞かされてきた。このまま財政赤字の拡大を放置すれば、日本の財政は破綻してしまう。だから早急に財政を「健全化」しなければならない、というわけだ。

だが、ここでいったん立ち止まって考えてみよう。政府のいう財政の「健全さ」とは、いったい何なのだろうか。

政府は、国と地方の基礎的財政収支を二〇二〇年度に黒字化することが財政再建の目標だと内外に公約している。基礎的財政収支とは、その時点で必要とされる政策的経費（過去の国債の返済や利払いを除いた歳出）を、その時点の税収等でどれだけまかなえているかを示す指標である。

通常は、この指標を黒字化させることが財政の健全化の目安とされる。だが、じつは、財政の「健全性」は固定的なものではない。というのも、政府が掲げる財政の健全性は、時代によって大きく変化してきたからである。

第二次世界大戦後、一九六五年度までは一般会計の収支が均衡していること、すなわち厳密な意味での均衡財政が財政の「健全」な状態であった。それが経済成長の鈍化にともなう赤字国債の発行によって放棄され、「投資のための経費は建設国債で、普通の経費は税で」というのが財政の「健全」な状態とされた（井手二〇一二）。

　これ以降も、健全な財政の定義は、政府・財務省によってさまざまに修正されてきた。旧大蔵省の時代から、実際には、赤字国債の発行によって均衡財政は放棄され、財政は収支が合わないという意味で「不健全」になっていた。しかし、健全性の定義に修正を重ねることで、健全財政といおぼしきものが追求され続けてきたわけである。

　この過程で財務省は、自らが決めた財政の健全性を実現すべく、いかにその健全化が必要であるか、人びとに訴えかけていった。同時に、「その時どきで「定義」された健全性」を基準として、いかに日本の財政が「不健全」なものであるかが繰り返し強調されてきた。

　いくつか例を見てみよう。日本の財政が不健全であることを示す際に、一人当たり約八〇〇万円の借金を国民が背負っているという事実が強調される。これは一〇〇〇兆円を超える国の借金の大きさを人びとに実感させるときに用いられる数字である。日本の赤ちゃんは膨大な借金を背負って生まれてくる、とさえ言われることもある。

　日本の債務の大きさは、家計にたとえられ、「年収五九五万円に対して年間支出九六三万円の生活を送っています。その結果、毎年新たに三〇〇万円以上の新規借入れを行っており、ローン残高は八四〇〇万円に達しています」といった具合に説明される（「日本の財政関係資料（平成二七年三月）」）。

　これらの解説によって、私たちはわが国の財政赤字がいかに深刻であるかを実感することとなる。そして、想像もできないような巨額な赤字額を前に国家破綻への恐怖をおぼえ、財政再建に賛成するしかない、という雰囲気が高められていく。

しかし、人びとの直感に訴えかけるような、こうした説明は正しいのだろうか。

国債等の所有者の内訳からも明らかなように、国債の八割強は個人ではなく、日銀・銀行・生損保などの「機関」が所有している。それを国民一人当たりで割るならば、それは一人当たりの「利益」を意味しはしないだろうか。なぜなら私たちは金融機関や生損保に預金や保険料というかたちでお金を貸しているからだ。

政府の借金はいずれ私たちの税で返さなければならない。「政府」の借金とは「国」の借金であり、したがって「国民」の借金なのだ、こう考えるとしよう。すると、政府のもつ資産や債権も国民のものだということになる。日本政府はさまざまな資産をもっているし、米国債や外貨準備というかたちでの対外債権もある。この部分を無視してよいのだろうか。

財政を家計と同一視するのも基本的な誤りである。財政と家計では運営のための能力も原則もまったく異なるからだ。

家計は収入の範囲内で支出をまかなう「量入制出（入るを量《はか》りて、出ずるを制す）」原則で運営されるが、財政は人びとの必要を満たすために支出に応じて収入を確保する「量出制入（出ずるを量りて、入るを制す）」原則で運営される。こうした原則が政府に適用可能なのは、政府が課税という強制力をもち、最終的には必ず借金を返済できるため、家計とはちがい、もっとも低い金利でお金を借りることができるからである。

対ＧＤＰ比に意味はあるのか

話を続けよう。日本の債務残高を対ＧＤＰ比で示すことも多い。日本の政府債務残高の対ＧＤＰ比は二〇〇％を超え、主要先進国のなかでもっとも高く、太平洋戦争時の水準を上回っていると指摘される。こうした数字も財政破綻への恐怖をかきたてる。そして私たちは知らず知らずのうちに政府支出の削減に同意するよう迫られていく。

破綻への恐怖だけではない。海外の権威も動員される。政府債務残高の対ＧＤＰ比の高さについては、それが一定の数値を超えると経済成長を低下させるという研究がしばしば引用される。有名なラインハートとロゴフの研究であり、債務残高の対ＧＤＰ比が九〇％を超える国では、平均的な経済成長率がマイナス〇・一％であるという（Reinhart and Rogoff 2010）。

政府が借金をすると経済は成長しない――、成長神話を信奉する日本人の心に揺さぶりをかけるメッセージだ。ところが、日本の学会をも席巻したこの研究は、のちにデータなどに誤りがあることがハーンドンらの研究によって明らかにされた。債務残高の対ＧＤＰ比が九〇％を超える国でも平均的な経済成長率は二・二％であり、一定の数値を超えると経済成長が鈍化するという関係は見られないというのだ（Herndon et al. 2014）。

さらにいえば、債務残高の対ＧＤＰ比という考え方にはそもそも意味などないという痛烈な批判もある。二〇一三年にノーベル経済学賞を受賞したロバート・シラーは次のように述べている。

債務とGDPから計算される比率は、純粋な時間を単位とするが、その単位として1年を用いることは何ら必然的なことではない。1年は地球が太陽の周りを1周する時間であり、農業のような季節型産業を除けば、特別な経済的意味合いを持たない。

もしエコノミストたちに四半期のGDPデータを4倍して年換算するという慣習がなかったとしたら、ギリシャの債務対GDP比率は現在の数字の4倍になる。そして、もし四半期のGDPデータを4倍でなく40倍して10年換算するという慣習があったとしたら、ギリシャの債務対GDP比率は15%になる。

ギリシャは（債務借り換えが財政危機のせいで不可能になることがないかぎり）1年で債務を全額返済する必要はないので、同国の支払い能力という観点からは、こうした単位のほうこそ意味があるといえる。

（『週刊東洋経済』二〇一一年九月三日号）

国債はそのすべてを一年で返済する必要のないものである。何年かかけて返すのであれば、その何年かの付加価値の合計に占める債務の割合を見る方が適切なのだ。

ここで、普通国債の平均残存期間（償還までの平均的な期間）である八年を念頭に置き、日本のGDPを八倍して一〇〇〇兆円と比べてみれば、日本の債務の対GDP比は二五%となる。あるいは政府の採用する六〇年償還ルールに従うならば、わずか三％強である。

歴史を見ればわかるように、ある国の財政は債務の対ＧＤＰ比を理由に破綻するのではない。むしろ、海外の投資家による国債の保有割合、外貨準備高、国際収支などを背景に、突然、外国への資本逃避が起きることで、一国の財政がデフォルトを起こすというシナリオの方が、はるかに現実に近い（井手・水上二〇〇六）。これらの点では日本の財政はむしろ「健全」ですらある。

「肩車」型社会論で危機を煽る

財政危機を強調する際に持ち出されるのは、財政赤字の大きさだけではない。

二〇五〇年には国民の四割が高齢者となり、一・二人の現役世代が高齢者一人を支える「肩車」型の社会が到来する。現役世代の負担がますます大きくなるにもかかわらず、政府はいま、給付に見合うだけの負担を国民に課しておらず、このままでは財政は持続不可能な状態に陥りかねない、こう政府は説明する。このように具体的な指摘をすることで、社会保障給付を削減し、国民の税負担を増大させなければならないことを国民に納得させようとしている。

読者のなかにも、現役世代が高齢者を下から支えるイラストを教科書や新聞で見たことのある人がいるのではないだろうか。私たちも若い頃にこうした図を見て、「大変な時代がやって来る」と思った者の一人である。ちなみにこの図は、現在の財務省の資料でも用いられている。

この「肩車」型社会論も、基本的な誤解が導いたものである。

そもそも、扶養の負担をあらわす指標として、六五歳未満人口を六五歳以上人口で割った値を用いるのは正しいのだろうか。六五歳を過ぎても働いている高齢者は大勢いる。むしろ、人口（就業者数＋非就業者数）を就業者数で割った値を用いる方が適切ではないだろうか（川上一九九四、権丈二〇〇二）。

この値をみると、これまで約二で安定的に推移してきた。一人の就業者が、一人の非就業者を支えてきたわけだ。これは高齢者一人を九・七人で支えていた一九五五年も、五・九人で支えていた一九八五年も、同じであった。ようするに、高齢化が進展し、人口構成が変わっても、定義次第では社会の扶養負担はほとんど変わらないのである。

このように、人びとに「深刻な財政状況」を認識させ、危機感を抱かせる数字を一つ一つ検証していくと、「危機」をあらわす数字や考え方が必ずしも適切でないことがわかる。

「財政危機宣言」が出されてから現在に至るまで、財政危機は一向に訪れようとしない。財政の危険度を示す長期金利も空前の低さで推移し続けている。「数字」とは「魔術」である。このことへの緊張感を失えば、これを見抜こうとする努力を怠ってしまえば、支出の削減は自己目的化し、私たちが財政を民主主義的に制御することも不可能になってしまう。

2　恫喝とルサンチマン

財政当局とマスメディアの相互依存

数字によって真実のすべてを語ることはできない。なぜなら、社会はさまざまな価値で成り立っており、それぞれの価値にとって都合のよい数字が存在するからだ。

私たちが、序章と第一章で、社会の分断という問題を歴史や国際比較も含めたあらゆる角度から検証した理由もここにある。

ひとつには、ある現象を複数の視点から検討しないことには、実像は浮かびあがってこないからだ。もうひとつには、社会の分断が進むなかでは、それぞれが自分の立場を正当化するために、数字を都合よく利用する可能性があるからだ。

実際、私たちは「数字の魔術」によって財政破綻への恐怖をかき立てられ、政府支出の削減に同意するよう余儀なくされてきた。あたかも財政を「健全化」する唯一の方法は「恫喝」しかないかのように。

こうした過程で重要な役割を果たしたのが、政府の財政制度等審議会やマスメディアである。

たとえば、二〇〇四年一一月二〇日付の「読売新聞」の朝刊は、十年後の財政破綻の可能性を伝えつつ、次のように報じている。

> 一九日まとまった財政制度等審議会（財務相の諮問機関）の二〇〇五年度予算に関する建議（意見書）は、現状のままなら国の財政は十年後には破たん状態になるとする初の試算を示し、財政再建の取り組みの遅れに警鐘を鳴らした。（中略）財政構造改革を進めるために、政府は国民に「痛み」の代償を具体的に示すべきだ。

こうした記事は、財政当局である財務省と、財務省の記者クラブ（財政研究会）に属する記者との一種の共同作業によって作られている。そこにあるのは、権力や権威が提供する情報を批判的に報じる報道機関としての姿ではない。権力と一体化して、権力の意向に沿った主張を展開する機関、あえていえば御用機関といわれても仕方のないような姿である。

なぜこうした記事の作り方が好まれるのだろうか。日本において記者の取材活動は、情報と取材源への占有的なアクセス権をもつ記者たちによって形成される「クローズド・ショップ」（閉鎖的な組織）のなかでおこなわれている。その中心が記者クラブである。

ではなぜ、記者クラブに所属する記者は、政府の政策が国民生活に与える影響を客観的に説明するのをためらうのか。

それは、彼らが政府による情報提供に強く依存すると同時に、政府の広報担当者に取り込まれているからだ。記者クラブに所属することで、記者は、政府など取材源との敵対的な関係を和らげ、ライバル記者との間でも協調関係を築くことができる（フリーマン二〇一一）。

つまり、記者と財務省は、持ちつ持たれつの関係なのだ。記者クラブに所属する記者が、財務省の政策が及ぼす影響を正確に分析し、場合によっては徹底的に批判するということは、残念ながら、なかなか期待できないのが現状である。

図2―1は、思想的スタンスの異なるふたつの新聞、「読売新聞」と「朝日新聞」において「財政再建」というキーワードが用いられた回数を年ごとに示したものである。

単純な検索であるため、日本の地方自治体や諸外国などの記事も含まれており、二〇〇七年には夕張市の財政破綻に関連する記事もあるが[1]、両紙とも二〇〇〇年代後半にかけて登場回数が急増していることが読み取れる。

財務省が財政再建に関する発表を増やせば、記者クラブ制度を通じて、これに関する記事も増える。図2―1でふたつの新聞が同じような動きをしているのは偶然ではない。そうなるように制度化され、慣習化されているのである。

結果的に人びとは、思想的なちがいを超えて、「財政再建」というキーワードを日常的に目にすることとなる。そして、それが脳裏にすり込まれ、財政再建は至上命令であるとの意識をもつようになるのである。

図2－1　「財政再建」というキーワードの登場回数

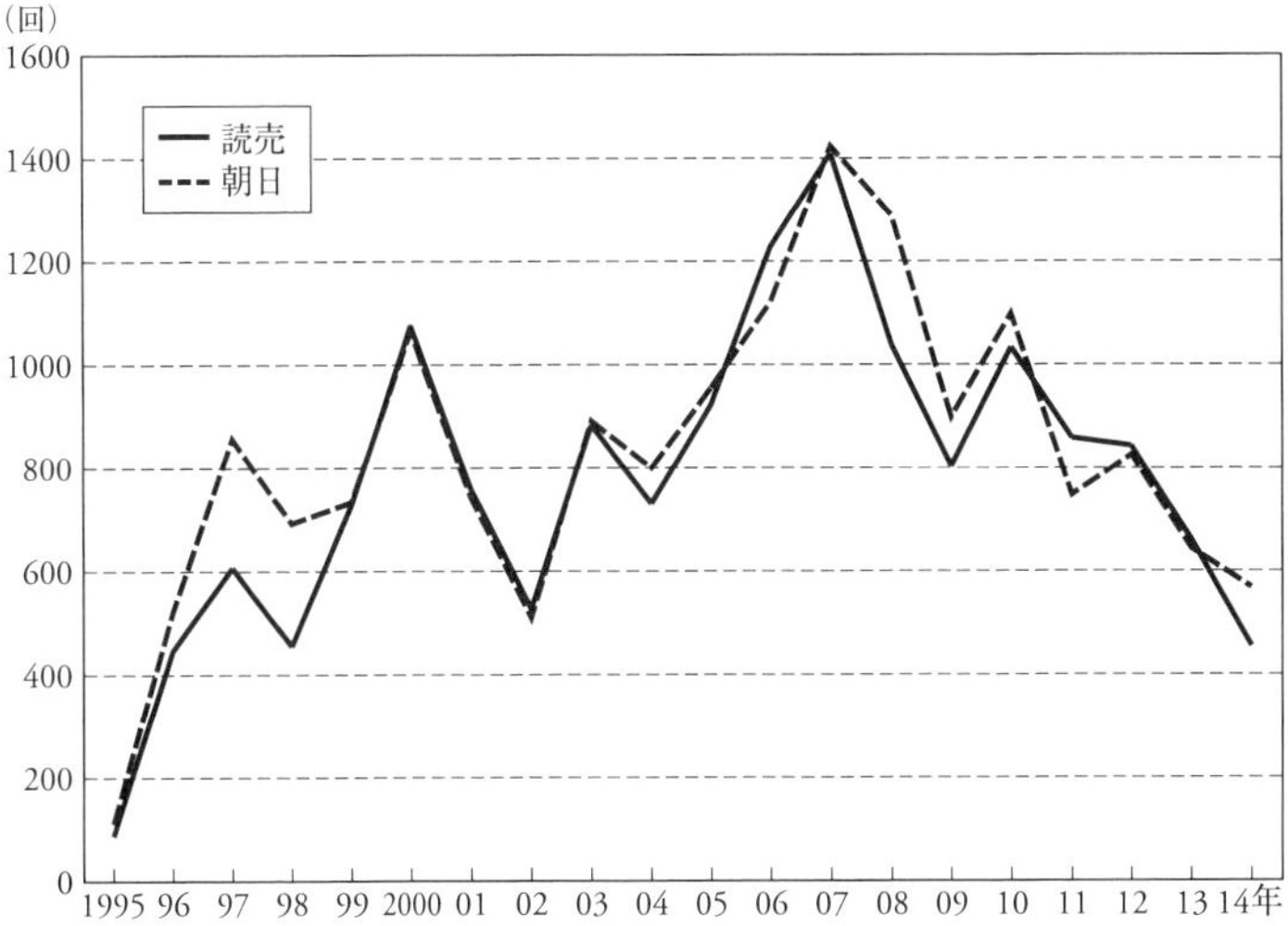

出所：「ヨミダス歴史館」と「聞蔵IIビジュアル」を用いて検索.

こうしたことが可能になるのは、日本ではマスメディアが信頼されているからである。表2―1（次ページ）はOECD加盟国のうちWVSからデータが得られた国ぐににおいて、人びとが政府、公務員、新聞・雑誌をどれくらい信頼しているかを示したものである。

序章でもすでに述べたことだが、この表から読み取れるように、日本の場合、政府や公務員を信頼している人の割合は、他国と比較してかなり低い。

それに対して、新聞・雑誌を信頼している人の割合は、辛辣なマスコミ批判をネット上などで頻繁に見かけるにもかかわらず、先進国のなかでは非常に高い。

したがって、日本では政府や公務員に対する信頼は低いが、政府や公務員が発信

表２－１　マスメディアへの信頼の高さと政府・公務員への信頼の低さ

（単位：%）

	政府			公務員			新聞・雑誌		
	非常に	そこそこ	合計	非常に	そこそこ	合計	非常に	そこそこ	合計
ドイツ	5.5	38.9	44.4	5.3	48.9	54.2	6.3	38.1	44.4
オランダ	1.3	31.7	33.0	1.1	32.3	33.4	0.7	33.4	34.1
スウェーデン	9.4	50.5	59.9	2.5	48.1	50.6	2.9	33.7	36.6
スペイン	2.4	18.3	20.7	3.9	34.9	38.8	2.5	28.6	31.1
ポーランド	0.4	15.6	16.0	0.7	18.8	19.5	2.4	25.3	27.7
エストニア	7.1	45.7	52.8	5.9	64.1	70.0	2.4	42.2	44.6
スロベニア	0.9	6.8	7.7	0.7	9.3	10.0	1.2	22.0	23.2
日本	1.3	23.0	24.3	1.3	30.5	31.8	5.7	64.9	70.6
アメリカ合衆国	3.7	28.9	32.6	4.3	40.8	45.1	2.0	20.7	22.7
メキシコ	10.0	28.7	38.7	2.8	18.2	21.0	6.4	23.4	29.8
オーストラリア	3.9	26.1	30.0	4.2	39.5	43.7	1.7	14.6	16.3
ニュージーランド	5.6	39.1	44.7	3.6	39.6	43.2	2.0	23.4	25.4
トルコ	24.7	34.2	58.9	14.1	43.3	57.4	8.7	31.0	39.7
韓国	5.8	43.7	49.5	5.0	43.1	48.1	10.5	50.5	61.0
チリ	5.2	28.4	33.6	2.3	29.7	32.0	9.1	44.0	53.1

出所：WVS Wave6より作成.

した情報がマスメディアによって伝えられると、その情報は信頼され、人びとの意識に大きな影響を与えることとなる。

「財政は危機的状況である」と言いつのる政府や公務員に対して、人びとは不信感をもっているにもかかわらず、マスメディアを経由するとその言葉を信じ、財政破綻の可能性に恐れおののくこととなるのである。

人びとのルサンチマンと支出の削減

さらに言えば、人びとが政府支出の削減に賛成するのは、財政破綻への恐れからだけではない。表２―１で確認した通り、人びとは政府も公務員も信頼していない。とくに政府については、

「信頼している」と回答したのは、全体のわずか四分の一にすぎない。

人びとは政府や公務員を信頼していないがゆえに、政府支出の削減に賛成する。信頼できない政府や公務員、政治家に、自分たちが納めた税金を使ってほしくないからである。

序章でも述べたが、こうした気分を見事に捉えたのが小泉純一郎元首相である。彼はいわゆる「抵抗勢力」を仕立てあげ、それと闘う姿勢を示すことで支持を集めた。

そのクライマックスをなした、いわゆる「郵政選挙」の際の記者会見で、公務員バッシングの見本となるような発言をしている。その一部を紹介しよう（首相官邸ホームページより）。


本当に郵便局の仕事は国家公務員でなければできないのかと。民間人ではやってはいけないのか。これができないで、どんな公務員削減ができるんでしょうか。どういう行政改革ができるんでしょうか。

これができなくて、もっと大事なこと、最も大事なこと、公務員の特権を守ろうとしているんじゃないですか、国家公務員の身分を守ろうとしているんじゃないですか、反対勢力は。


人びとは、小泉元首相のような「既得権と闘う」政治家を熱烈に支持し、公務員の「特権」が剝奪される「改革」が進められることを期待した。一方、国と地方自治体は行政改革というかたちで政府支出の削減に努力し、「どちらがムダ遣いをしているか」を互いに批判しあった。

図2－2　日本における政府支出の削減に賛成する人の割合の高さ

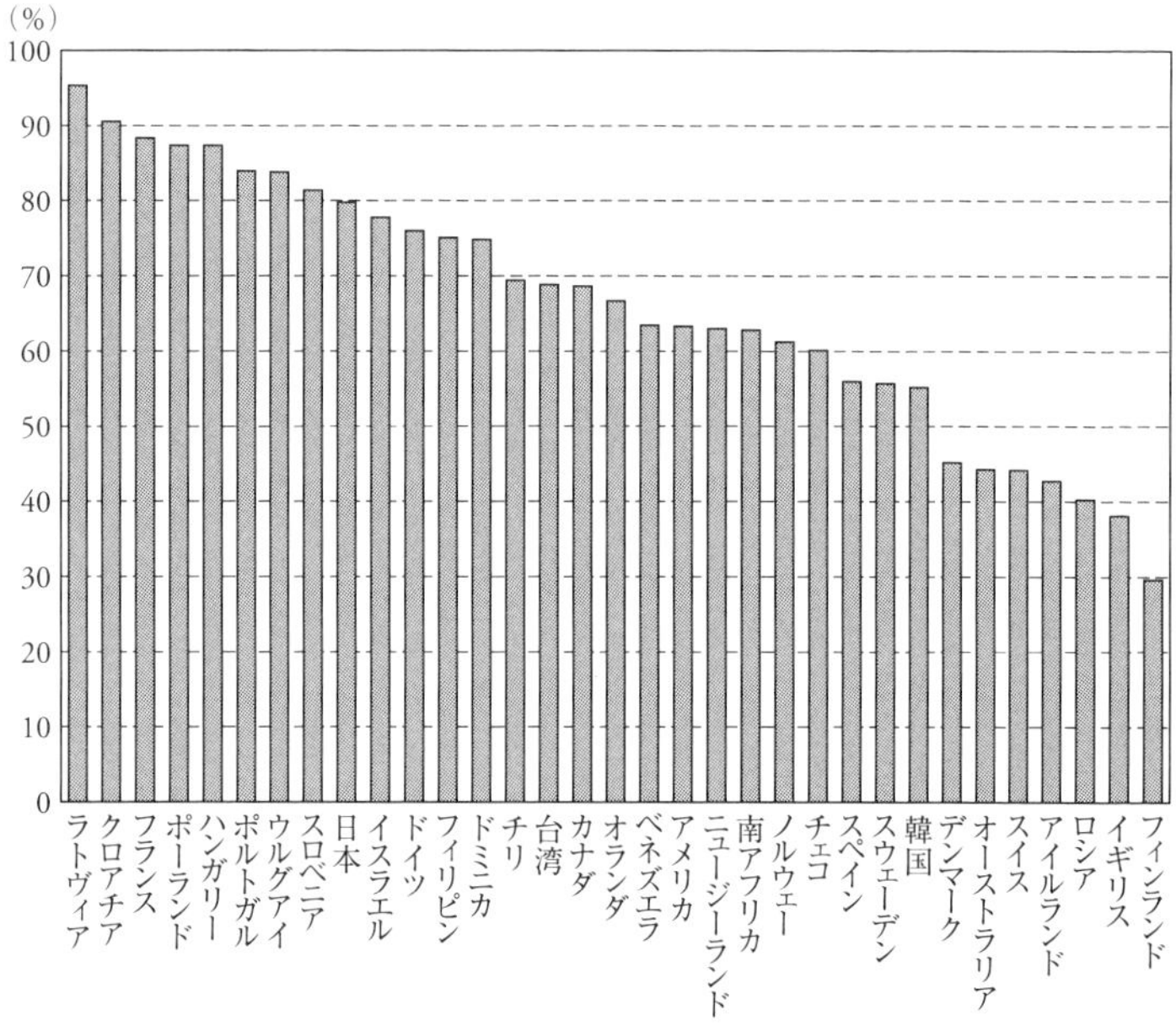

出所：ISSP (2006), Role of Government IV より作成．

とくに問題とされたのは公務員給与の高さであり、人びとの公務員へのルサンチマンがかき立てられることになった。民間企業に勤務する自分たちは、倒産やリストラ、賃下げの恐怖におびえているのに、公務員は自分たちが納めた税金によってそうした恐怖と無縁でいられる。こうして公務員バッシングの嵐が吹き荒れ、人びとは「強者批判」に溜飲を下げたのである。[2]

「政府支出が大きい国ほど経済成長率は低い」。この主張は誤ったものであったが、人びとの心情には非常にマッチしていた。政府支出が小さくなって経済成長が実現する、おまけに公務員の「特権」も剝奪できる——。まさに二重の喜びであり、だからこそ、それが事実かどうかも検証されないまま、あっさりと私たちはその説明を受け入れたのだった。

図2—2は、政府支出削減に賛成する人の割合を国際比較したものである。この図から読み取れるように、日本で政府支出の削減に賛成する人の割合は、国際的に見ても高い。

3　総額重視の日本財政

総枠締めつけ方式の由来

ここでひとつの疑問が浮かぶ。どうして政府は国民の恐怖心を煽るという道を選んだのだろう。どうして政府は増税ではなく政府支出の削減を選択しなければならなかったのだろう。

その第一の理由はもはや自明であろう。日本では増税が難しかったからである。租税抵抗が強い理由については、すでにこれまでの章で明らかにされた。三つの罠に陥ることで、受益と負担をマッチさせる契機を、日本の財政は失ってしまったのである。

だが、この問題は、歳出面からも捉え返すことができる。それは、旧大蔵省時代から財政当局が、財政の「健全性」を維持するために「総額重視型の予算編成」を確立・強化してきたことと関係している。

総額重視型の予算とはなにか。それは、財源をどのように個別に配分するかよりも、総額をどうコントロールするかに重点を置く予算の編成方法である。

日本の予算編成方法の原型は、管理通貨制度へと移行し、財政規模が急激に膨張した一九三〇年代に形づくられた。その後、十五年戦争、占領期、高度経済成長期、オイルショックと、長い歴史をつうじて大蔵省は物価の上昇を抑えることに腐心してきた。戦前・戦後を通じて、組織の最優先課題を、予算の総額管理に置いてきたのである（井手二〇一二）。

とくに一九七〇年代後半のオイルショック後の厳しい財政運営のなかで、旧大蔵省はシーリング予算を厳格化した。シーリングとは、各省庁の予算に設定される対前年度比伸び率の上限のことである。

元大蔵事務次官の長岡實は次のように指摘している。

「厳しいシーリング、これはいわば『総枠締めつけ方式』です。これと対照的なのが『個別審査主義』であり、この方式でなければ歳出構造を大きく変えるところまではいかないというのはよくわかっていますが、この件は何回となく試みて、結局敗れ続けた歴史の繰返しなんです。」（安藤一九八七、一六八頁）

これについては第四章で詳しく述べるが、総枠締めつけ方式は、個別の支出を審査する方法を、あえていえば、民主主義がもっとも重んじる納税者のニーズを汲み取る努力を軽視することを意味していた。このことは大蔵官僚自身がもっともよく分かっていたのである。

総額重視型の予算編成は、シーリングが定着して以降も、たびたび強化されてきた。先に見た基礎的財政収支はその典型であるし、民主党政権期に主要経費にはめられた七一兆円の財政フレームもこれと同じである。上限の設定は財務省の常套手段となった。

先に述べたように、納税者の受益感が高まるような歳出の中身にすることで、租税抵抗を緩和することができるが、この手法をもっとも取りにくくしたのが、この総額重視型予算であった。予算の総額を圧縮することで財政の健全化を図るというのが、財政当局が採用してきた「伝統」だった。

そして、財政危機宣言を経て、巨額の財政赤字の削減が喫緊の課題として位置づけられたとき、人びとのニーズを満たすだけの十分な財源をもたず、また、人びとから信頼されてもいない政府にできたのは、歳出削減のための恫喝しかなかったのである。

政府の「煽動」と財務省の「総額抑制」

こうした日本の予算編成には、長岡も自覚していたように、重大な欠陥があった。総枠を締めつけることにのみ腐心し、個別の資源配分をおざなりにした結果、既得権益者どうしが対立しあわなければ、予算の編成ができなくなったのである。

財政の健全化が「伸び率を抑える」ことを意味した時代はよかった。だが、伸び率がゼロないしマイナスとなっていくなか、人びとが求めるニーズが大きく変わっていくと、財政支出の配分と納税者のニーズの間に大きなズレが生じる。

とりわけ財政赤字が膨大な額にのぼるようになり、「既得権」が可視化されるようになると、誰がムダ遣いをしているかの中傷合戦がおこなわれるようになった。こうした「犯人探しの政治」の背景には、総額重視型予算という財政当局の「伝統」が横たわっていたのである。

社会保障費の増大が避けられなくなるなか、この「伝統」を反映した厳しい予算制約によって、公共投資は削減されることとなった。それを正当化したのが「公共事業悪玉論」である。公共事業から社会保障へと予算の「再配分」をおこなうために、犯人探しが進められたのである（井手二〇一五）。

また、地方自治体に交付される地方交付税をめぐっては、それが交付されることで地方自治体による財政改善への意欲が削がれ、無駄な事業がおこなわれるという批判が、財務省や財政制度等審議会を中心に展開された。いわゆる「地方交付税によるモラルハザード論」である。そこでは、とくに財政力の弱い農村部の地方自治体に対する「過剰」な再分配が強調された。

この地方交付税については、二〇一五年に経済財政諮問会議の民間議員から次のような提案がなされている。地方自治体間での行政コスト比較を徹底し、地方交付税の算定に用いられる基準財政需要額の基礎となる単位費用を低コスト団体に合わせるというものである。[3] これは「トップランナー方式」と呼ばれている。この方式を導入し、低コストの県に人件費を合わせることによって、約一・一兆円の「コスト削減」が可能であるとしている（経済財政諮問会議「論点整理　地方行財政改革のポイント」）。

公務員はルサンチマンの対象である。公務員の人件費は、人びとにとって「ムダ遣い」の代表例である。それゆえ、こうした提案は、社会保障費が増大するなかで地方交付税という政府支出を削減しつつ、人びとの支持を集めることができる可能性を秘めている。

政府による「扇動」と財務省の「総額抑制」が不気味に調和することで、社会の対立は深刻の度を深めていくのである。

際限のない「既得権者」の拡散

ここで強調しておきたいのは、こうした「犯人探し」の標的が、ここ三〇年ほどで「民から官へ」というモードから「受益者全体へ」とシフトしてきた点だ。津田正太郎は「朝日新聞」の記事を分析することで、「既得権」がどのように変遷してきたかを明らかにしている。その結果をまとめたのが図2―3である。

一九八八年には規制緩和の進行によって独占的または寡占的な地位を失う企業や業界が既得権

図2－3　報道における「既特権者」の変遷

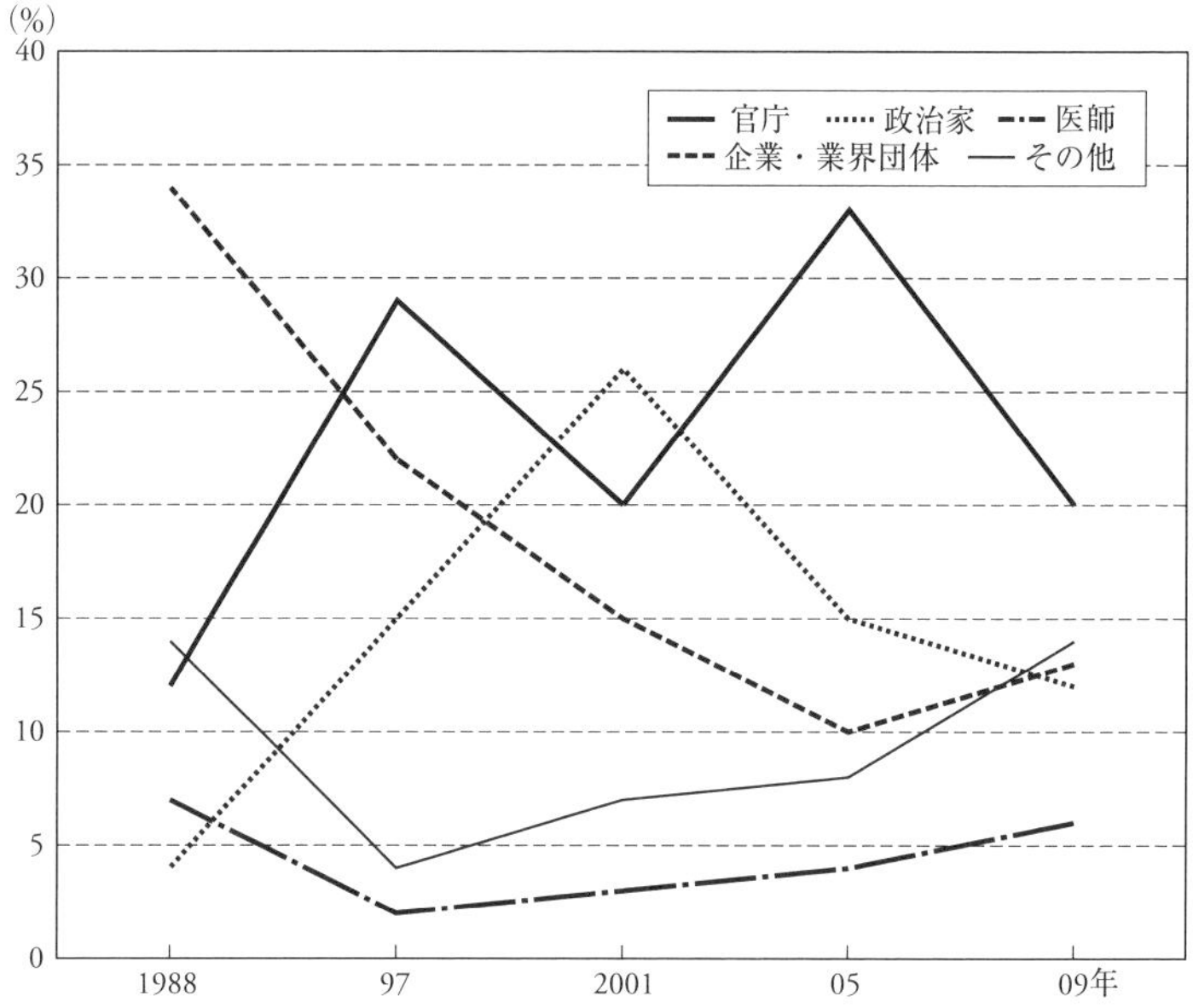

出所：津田（2013）のデータをもとに作成.

者として位置づけられることが多かったが、九七年には官僚が既得権者として位置づけられることが多くなった。企業・業界団体については、公共事業への依存によって既得権を保持しているという論議がなされた。

そして、二〇〇一年には小泉政権の成立を背景に、政治家と官庁が既得権者として位置づけられることが多くなった。それは「既得権」というキーワードが「朝日新聞」においてもっとも頻繁に用いられた年でもあった。

二〇〇五年はいわゆる「郵政選挙」がおこなわれた年である。その際の小泉元首相の記者会見の一部を先に紹介したが、そこでは郵政公社や道路公団の民営化と関連して、官庁が既得権者として位置づけられた。

見逃せないのは、これらの傾向が「官」以外の領域にも拡散しはじめた点である。たとえば、医療も「医師の既得権」として位置づけられるようになった。この動きと連動して、混合診療の解禁や医師免許の更新制が実現しないのは、「医師の既得権を守るためだ」という批判が展開された。

さらに、グラフにはあらわれていないが、二〇〇九年になると正社員、年金受給者、そして生活保護受給者が既得権者のリストに加えられるようになり、二〇一〇年以降も「既得権者の拡散」は続き、正社員、高齢者、農家など多様な人びとから既得権を引き剝がすべきだと主張されるようになった（津田二〇一二）。

「朝日新聞」のオピニオン欄には、農業の既得権について、以下のような識者の意見が掲載されている。その一部を紹介しよう（朝日新聞二〇一〇年一月五日朝刊）。

問題は既得権だ。農村では耕作地の放棄が進んでいるのに、手を打てない。さかのぼれば戦後の農地解放で農地を得た人たちが既得権者と化して、大規模化・集約化が進まないためだ。大規模化すれば競争力が生じ、雇用も生まれて産業として成り立つかもしれないのに、農地に関する複雑な法体系が大規模化を阻害している。

二〇一一年には東日本大震災からの復興に関連して漁協の既得権が報じられ、TPPへの参加交渉に際しても農家や農協の既得権が論じられた。かつての「一部の既得権者vs.国民」という構図が大きく変化し、「既得権をもつ国民vs.もたない国民」という構図が生じたのである。

既得権者が「拡散」していくなかで、とくに激しいバッシングを受けたのが、生活保護受給者だった。いたるところに既得権を見いだして攻撃の対象にしていくと、「権益」というよりも「権利」が失われていく。いまや憲法で保障された「健康で文化的な生活を営む権利」までもが既得権として攻撃されるようになっているのである（津田二〇一二）。

生活保護に対してはさまざまな批判があるが、他の制度との関連で問題視されたのは、生活保護費のうち、生活費にあてる「生活扶助」の金額が最低賃金を上回っていたという点である。こうした状況に対して、「仕事に就くより、生活保護を受ける方が暮らしに余裕があるというのでは、働く意欲を失いかねない」という批判が展開された[4]。

従来、日本の保守政治が社会保障や救済に対して厳しい見かたをしてきたのは、すでに見てきたとおりである。その背景にあったのが、働いて所得を得るのが当然だとする「勤労」の思想にほかならなかった。

「働かざるもの食うべからず」というときの「働かざるもの」とは、「生活保護を受給しながら遊んで暮らしている人」のことだと、読者はイメージされるかもしれない。だが、本来の「働かざるもの」とは「貴族」のことである。勤労を推奨する社会では、それがいつの間にか、働けない人、すなわち、本来であれば不遇で同情されるべき人たちを批判するための表現へと変質していった。

このような「勤労」の思想を背景にして、野党時代の自民党は、政権公約のひとつとして、『手当より仕事』を基本とした生活保護の見直し」をすべく、給付水準の原則一割カットを掲げた（自民党重点政策二〇一二）。その後、自民党が政権に復帰し、二〇一三年には生活保護基準の見直しがおこなわれた。

4 「公平性」と政府支出の削減

「低位均衡の財政」とは？

犯人探しの政治、それは、自分より優遇されていると思われる人びとを、社会的弱者も含めて引きずり下ろす政治だった。

丸山真男は、偶然の僥倖で幸運を得た人をうらやみ、そうした人を引きずり下ろすことで満足を得ようとするばかりで、自らを向上させようとしない傾向を「引き下げ平等主義」と名づけ、そうした傾向をもつ政治を「引き下げデモクラシー」と呼んだ。この議論は、生活保護費の引き下げにも適用可能であり、最近では宮本太郎がこうした議論を展開している（宮本二〇〇九）。「既得権者の地位の引き下げ」がなぜ生じるかの解明はそう簡単なことではない。だが、本書の立場からすれば、これを日本人の文化や性質としてだけではなく、財政の「作り方」、すなわち「低位均衡の財政」と結びつけて説明することができる。

第一に、これは総額重視型の予算編成と深く関わっている。

予算総額を抑制するには、既得権者どうしの、あるいは受益者どうしの要望を対立させればよい。自らの既得権を守るために、自分とは異なる既得権者に対して「ムダ」というレッテル貼りをしてバッシングするということが一般化する。あちこちでムダの大合唱が起きれば、一律削減というマイナスシーリングも説得力をます。総枠を締めつけることで、こうした動きへと導かれ、「地位の引き下げ」が政治のおきまりの手法と化すのだ。

もう一点、つけ加えておきたいのは、第一章でも取りあげた、制度の「公平性」の問題である。給付額の低い方に合わせて平等化しようとする「低位均衡の財政」は、公共サービスの利用者や負担者の間の「公平性」を政府が重視するというかたちで展開される。

その原型を、国庫負担の削減を望んだ旧大蔵省の諮問機関・財政制度審議会での議論に見いだせるのは興味深い。

均衡財政が放棄され、赤字国債が発行されることになった一九六〇年代半ばにおいて、政府管掌健康保険（健康保険組合のない事業所の従業員を対象とする、国が運営する健康保険のこと）の赤字は年々拡大していた。支払い側と保険者側の対立を緩和するために国庫負担が導入されたが、その赤字額は一九六五年には単年度で五〇〇億円、累積赤字は七〇〇億円となっていた。

こうした事態を受け、当時の財政制度審議会では国庫負担が多すぎると問題視され、受益者と非受益者を区分したうえで、サービスの費用を受益者から徴収すべきだとする自己負担論が、「公平」性の観点から展開された。これが「負担の公平」論であり、受益者負担の根拠となった（佐藤・古市二〇一四）。

第一章でも取りあげた「負担の公平」論の背景には、国庫負担を引き下げたいという財政当局の強い意向が働いていたのである。

日本の財政および勤労国家レジームの特徴は、その選別性、自己責任性、限定性にある。それは分断型の財政であり、社会保障制度においても既得権者が細かく区分される分立型制度であった。財政当局からすれば、給付も負担も制度によって異なっており、特定の受益者のための国庫負担が存在するのは、受益と負担の「公平性」の観点から望ましくないこととなる。

そこで、「公平」性の実現のために政府支出を削減し、その結果として、給付額が引き下げられるのである。これが「低位均衡の財政」のメカニズムである。

拡大する「負担の公平」論

こうした「負担の公平」論は、まず医療保険の領域から導入され、やがて社会福祉の領域においても展開されるようになった（佐藤・古市二〇一四）。

近年では介護保険においてもこうした論理が適用されている。そこでは利用者間の「負担の公平」性が重視され、在宅介護を選択した人と介護施設を利用する人との間の「負担の不均衡」を是正するという観点から、二〇〇五年に制度の変更がおこなわれた。

図2―4に示すように、食費や居住費用は保険の対象外とされ、施設利用者が負担することとなった。同じ要介護状態であれば、在宅サービスと施設サービスの給付と負担は「公平」であるべきだとされたのである。

障害者自立支援法が二〇〇五年に成立するにいたるまでの、支援費制度改革をめぐる議論においても、「制度の公平性と持続可能性」を担保するために、「入所施設と地域生活の均衡ある負担」が必要であるとされ、入所施設での食費や日常費などの、いわゆるホテルコストの自己負担を強化することが強調されている（岡部二〇〇八）。

それだけではない。難病対策にも「負担の公平」論が適用されるようになった。ＡＬＳや重症筋無力症、多発性硬化症、パーキンソン病、悪性関節リューマチなど全額公費負担でサービスが受けられる難病患者と、その他の難治性疾患患者とを区分し、両者の「公平」を図るため、前者

図2－4　在宅介護と施設介護の利用者負担の不均衡是正

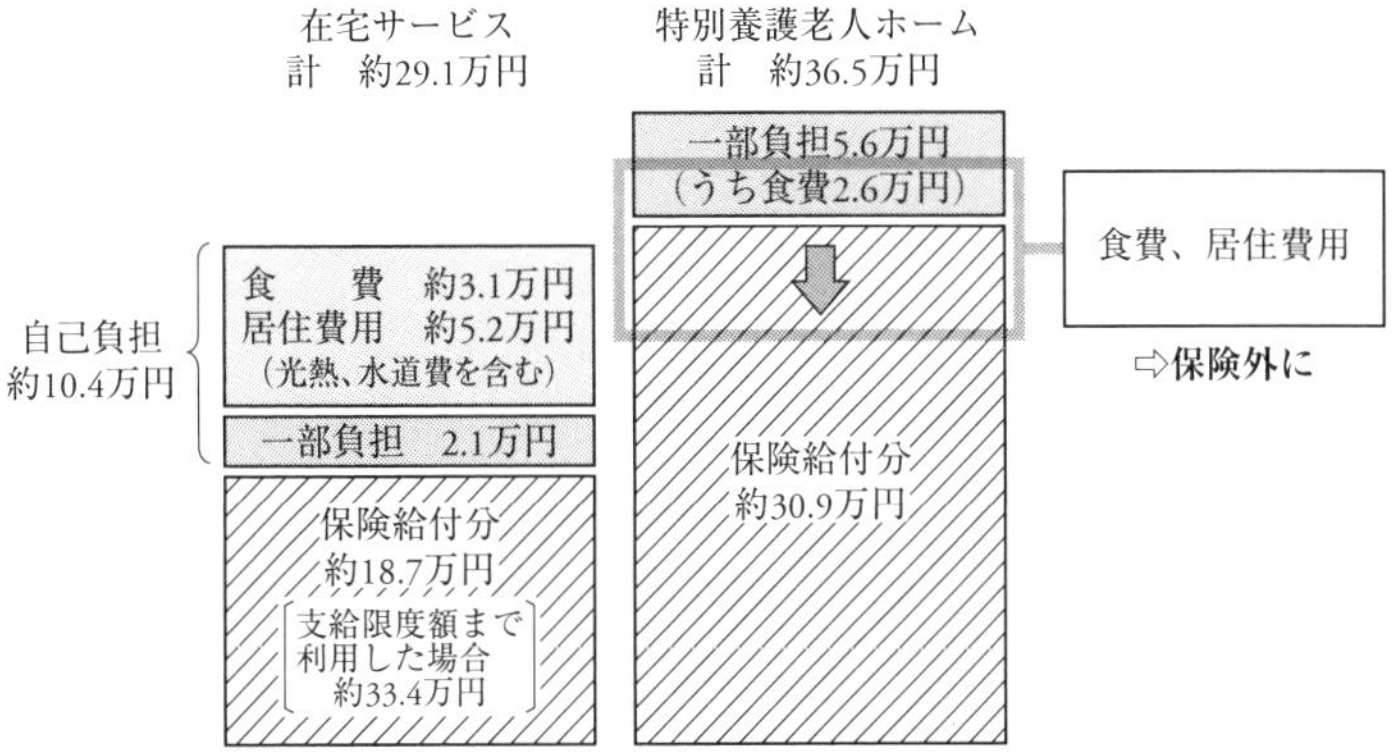

出所：内閣府ホームページ（http://www8.cao.go.jp/kisei-kaikaku/old/minutes/wg/2004/1018/item02.pdf）

には受益者負担を課すというのである（佐藤・古市二〇一四）。

難病対策以外の医療費の負担に関しても、「負担の公平」性が重視された。

現役世代（七〇歳未満）の医療費の窓口負担は三割とされているのに対し、後期高齢者医療制度における後期高齢者のそれは一割とされている。また、現役世代と後期高齢者（七五歳以上）の間の七〇歳から七四歳の人たちについては二〇〇八年四月から二割とされていたが、特例措置として一割とされていた。

ところが、世代間の公平を図るという観点から、二〇一四年度以降に七〇歳となる人たちから二割負担に引きあげられた。この特例措置には毎年約二〇〇〇億円の予算があてられていたが、これが削減されることになった。このように、「負担の公平」論の背景には、政府支出を削減するという、財政当局ないし政府の思惑が常に働いているのである。

世代間の「公平」を図るという議論においては、医療費の窓口負担だけが問題になるわけではない。第一章でも指摘したとおり、これに関連してよく取りあげられるのは、年金に関する世代間の不公平である。高齢世代が生涯にもらえる年金の総額（受益）から、生涯に支払う保険料の総額（負担）を差し引いた額を若年世代と比較すると、高齢者の方がはるかに大きいとする研究が数多く存在する。

このような世代間不公平を根拠として、年金給付額の引き下げが主張される。ここでもやはり、給付の削減が登場するのである。

ワンセットで議論される「公平性」と支出の削減

もうひとつ、つけ加えておこう。財務省は二〇一五年、同じ経済力の持ち主であれば負担も同額でなくてはならないという公平論を根拠にして、国立大学の授業料を私立大学並みに引きあげることを主張している。

国立大学と私立大学の授業料を比較した場合、国立大学の授業料は私立大学のおおむね六割程度となっている。たとえば、東大、一橋大、東工大の年間授業料は五四万円弱であるのに対し、早慶では文系で年間一一〇万円弱、理系では一五〇万円程度となっており、高所得層にこうした差が生じることについて、合理的な説明はできないというのである（財政制度等審議会財政制度分

科会（二〇一五年五月一一日開催）議事録）。

同省は高所得層の授業料を引きあげることによって財源を確保し、低所得層への支援をおこなうことを提案しているが、それにともなって国立大学に対する政府支出が削減される可能性が高い。ここでも「公平性」と政府支出の削減はセットで議論されるのである。

大学授業料における「公平」性の議論は、他の「公平性」の議論のように、利益を得る側に着目するのではなく、負担能力の有無に着目しているという点で、違いがある。

しかし、同じ国立大学に通う学生であれば、「サービスの受益」は同じはずである。「負担の公平」論からいえば、学費に不均衡が生じるのは望ましくない。にもかかわらず、高所得層の学費を引きあげるのが「公平」であるとするのは、必ずしも論理が一貫していない。

むしろ一貫しているのは、政府支出の削減につながる「公平」であれば何でもよいという政府の姿勢である。こうした「公平」論はご都合主義的なものであり、結果的に、人びとの間に亀裂をもたらす。財政を再建して社会が分裂するのでは目も当てられない。

このようにして、政府は人びとをさまざまな領域で分断しつつ、その対立をあおり、「不公平」を是正するという主張を掲げて政府支出を削減しようとする。これが「低位均衡の財政」である。そして、これをもたらしたのが日本における増税の難しさであり、個別の財政ニーズを無視した総額重視型予算編成だったのである。

1――「財政再建＋夕張」で検索すると、読売新聞については四九〇件、朝日新聞については五二〇件の記事が抽出される。
2――マスメディアにおいて、一九九〇年代から公務員は既得権批判の対象であったが、それは「官僚」の「権限」に対するものであったのに対し、二〇〇〇年代に入ると「公務員」の「待遇」に対するものに変化した。公共事業などに関連して大きな権限を有する高級官僚に対する批判から、現業部門なども含むより幅広い公務員に対する批判へと転換したのである（津田二〇一三）。
3――単位費用とは、基準財政需要額の算定に用いるもので、道府県または市町村の行政項目ごとに、標準的な条件を備えた地方自治体を想定し、その地方自治体において合理的かつ妥当な水準の行政をおこなうのに必要な経費の一般財源所要額について算定した測定単位（地方行政の種類ごとにその量を測定する単位）一単位当たりの費用をいう。経済財政諮問会議の提案は、合理的かつ妥当な水準ではなく、最低の水準にせよというものである。
4――ただし、多くの人びとは生活保護利用者と直接接触がなく、そのイメージをもつときはほとんどがマスメディアから得ている（青木二〇一〇）。したがって、こうした批判が展開される要因として、マスメディアの存在は非常に大きいといえる。

第三章

不幸の連鎖からの脱却――「必要＝共存」型の社会へ

人びとは将来に不安をおぼえ、生き苦しさに戸惑っている。政府は、空前の政府債務を抱え込み、財政破綻への恐怖にさいなまれ、歳出削減を至上命令とした。

貧すれば鈍すというべきか。この政策課題を成し遂げるために選ばれたのが「恫喝の政治」であり、低所得層の負担を高めて受益を遠慮なく削る「低位均衡の財政」であった。私たち日本人は、不幸が不幸を呼び起こす悪夢のような連鎖に翻弄され続けている。

この閉塞状況をなんとか突破しなければならない。本章と次の章では、歴史とデータによって浮き彫りにされた日本社会の現状を踏まえながら、私たちの考える代替案を提示する。

まずこの章では、財政の健全性のもつ意味について考える。そのうえで、いわゆる市場原理に対抗する理念として、「必要原理」を打ち出す。この国で形成されてきた「成長＝救済型モデル」を「必要＝共存型モデル」へと転換し、「救済型再分配」を「共存型再分配」に置きかえていくことの重要性を論じる。

続く第四章では、この理念の実現可能性を検討する。危機に直面する日本社会をつぶさに観察していくと、さまざまな変化の胎動を見いだすことができる。これらの動きにヒントを得ながら、理念を現実の制度に落とし込んでいくときのポイントを明らかにしていきたい。

以下、「必要原理」の理解を深めるために、いくつかの事実を確認しておこう。

1 「必要原理」とは何か

「大きな政府」＝「巨額の借金」ではない

財政が破綻すれば社会は実際にどうなるのか――、このことをきちんと説明できる読者は、ほとんどいないのではないだろうか。

もし、そうだとすれば、多くの人びとが支出の削減に賛成し、「恫喝の政治」や「低位均衡の財政」に屈してしまった理由は、「財政がこれ以上大きくなれば、私たちの財政は破綻してしまう」という漠然とした恐怖心にとらわれたことにあるだろう。

図３－１は、慣行に従い、一般政府支出の対ＧＤＰ比と公的債務残高の対ＧＤＰ比の関係を示したものである。

この図からわかるのは、政府の大きさと政府債務の大きさとの間には、統計的に意味のある関係、すなわち相関関係はないということだ。わかりやすく言えば、政府支出が増加したからといって、債務残高が増加するとは限らないのである。

もちろん、政府支出からの受益感に乏しければ、政府債務が膨らんだ原因はムダな支出にある

図３－１　一般政府支出と公的債務残高の関係

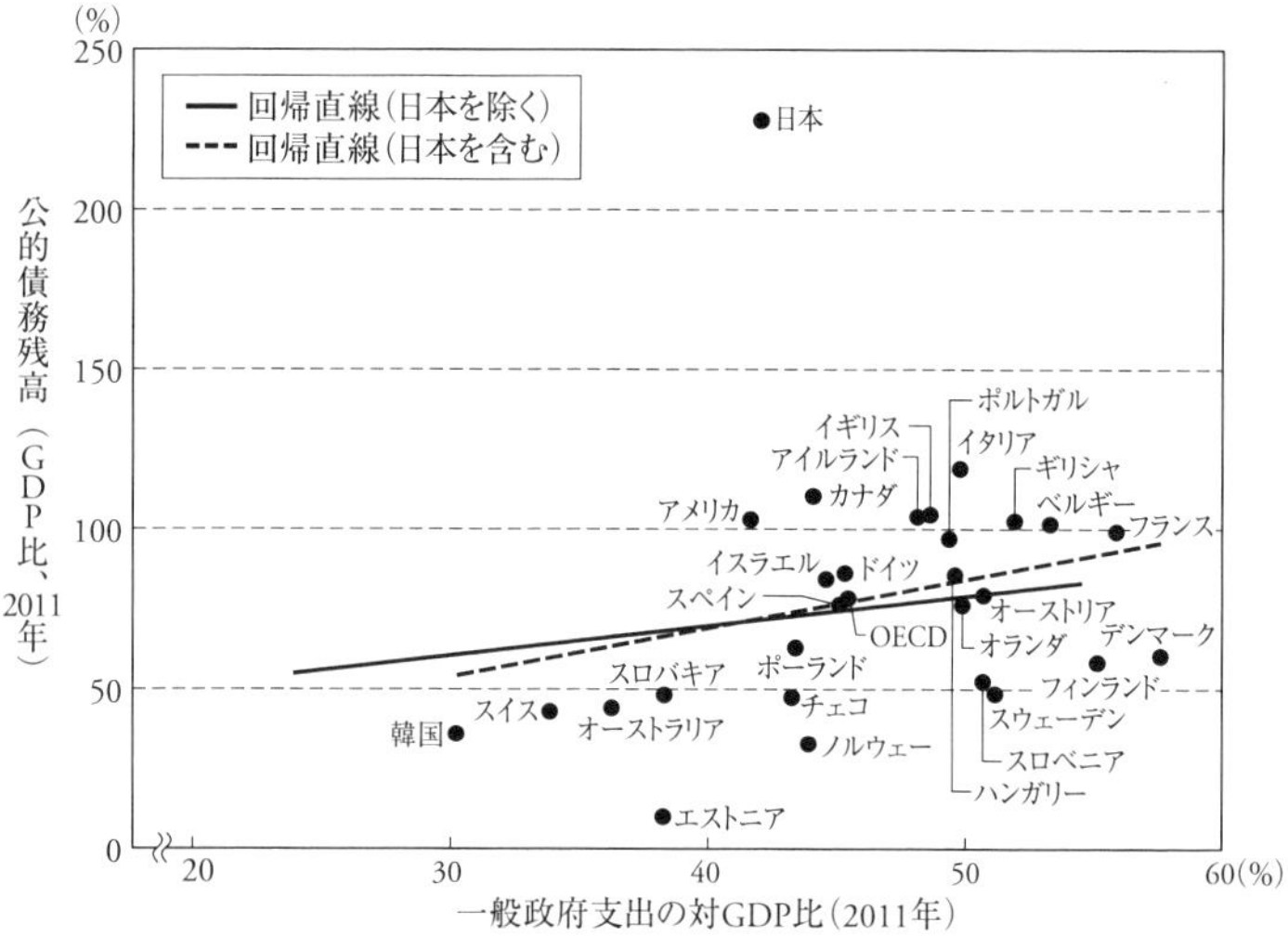

出所：OECD (2013), *Government at a Glance 2013*, OECD Publishing, Paris.

と人びとが感じることはありうる。私たちのニーズを満たしてくれていないのに、なぜ、こんなに債務があるのだ、と。

こうした不満が背景にあったからこそ、「日本は公務員がむだに多すぎて、政府の借金を膨らませている」「増税の前に公務員の給与を減らせ」という怒りの声が沸き起こったのではないだろうか。

しかし、図３－２に示されるとおり、労働力人口に占める公務員の割合と政府債務残高の間には正の相関関係を見いだすことができない。[1] それどころか、むしろ、政府債務が大きいことで知られる日本、ギリシャ、ポルトガル、スペイン、イタリアでは、いずれも公務員の割合が低い。

注意しよう。これは、公務員を増やせ

図3－2　労働力人口に占める一般政府雇用と公的債務残高の関係

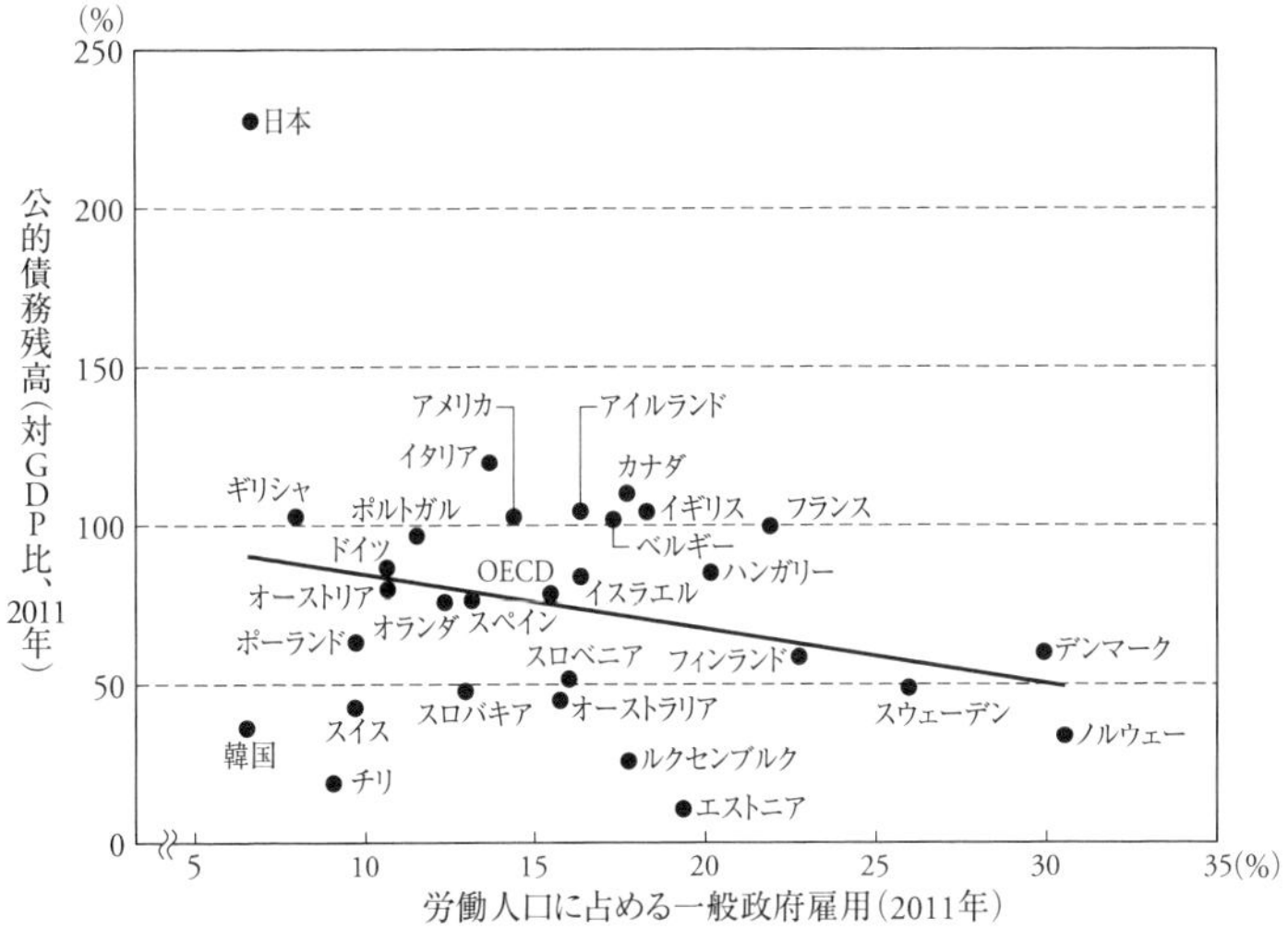

出所：OECD (2013), *Government at a Glance 2013*, OECD Publishing, Paris.

ば、債務残高が減るという意味ではない。しかし、私たちの常識とは異なり、公務員が多いからといって借金が増えるわけでもないのだ。

政府規模の大小が経済成長率に与える影響についても、通説があるわけではない。約六〇の変数を用いて「二〇〇万回回帰分析を行った」サライマーティンの研究では、政府規模が経済成長に有意味な影響を与えていることは確認されなかった（Sala-i-Martin, 1997）。

もちろん、政府の支出をいくら増やそうが、そのようなことは一切関係ないというわけでもない。たとえば、ベリイらは、政府の規模と経済成長率に関するさまざまな計量分析を検証しながら、政府規模一〇％の拡大は、経済成長率〇・五

〜一％の低下につながるかもしれないと報告している（Bergh & Henrekson, 2011）。

しかし、ここで彼らが注目したのは、いくつかの国では、高負担と高成長率が両立できており、その理由はなにかという問題だった。

その理由として、彼らは、①高い社会的信頼が、大きな政府の非効率性を相殺していること、②高負担・高福祉の国では、さまざまな領域で市場にまかせる政策を実施していること、を挙げている。あとで述べるとおり、他者への信頼感、すなわち「社会的信頼」は、いろいろな制度への信頼度からも影響を受ける。

私たちが問うべきなのは、政府の大きさそのものではない。政府支出や制度のあり方が経済に与える影響なのである。

財政をめぐる二つの「健全性」

政府規模の大小と財政赤字の大小には、決定的な関係はない。

では、日本の政府債務がこれほどまでに膨れ上がったのはなぜか。端的にいえば、低成長にともなう税の減収、景気対策のための減税がその原因である。決して過大な歳出が原因ではない（井手二〇一三）。

この事実を踏まえたとき、私たちが本当に問うべきなのは、なぜ日本ではこんなにも租税抵抗が強かったのか、である。

一九九〇年代に国際的な経済環境が変化し、減税と公共投資を柱とする勤労国家レジームの景気刺激効果を、賃金の下落圧力が減殺した。加えて、出生率の低下、女性の社会進出の進展など、社会環境も大きく変化した。社会・経済領域が不安定化し、相次ぐ減税と長引く不況で税収が落ちこみ、増税に踏み切るのも難しい状況のなかで、財政赤字が深刻化した。

もっとも問題だったのは、社会・経済上の問題が十分に解決されず、湧きあがるニーズに財政が押しつぶされるなか、複数の分断線が社会に亀裂を生じさせることで租税抵抗を生み、政府債務が巨額に膨れ上がっていったことだ。

政府は懸命の努力をした。だが、国民の目には、政府は十分な対応力をもち、信頼に足る存在とは映らなかった。しかも、所得増が見込めなかったから、税を払うことに対して、多くの人が心理的な抵抗を覚え、反対の声をあげた。「増税の前にムダの削減を」が合言葉になった。

税をつうじて財源を確保できない政府は、増えゆく財政赤字を減らすために支出の削減を迫られる。これを首尾よくおこなうには、危機を煽り立てる必要がある。そして、とうとう政府自らが自分自身をムダの塊であるかのように語りはじめ、躊躇なくわが身を切り刻むようになっていった。

しかし、社会が不安定化するなかで、ただでさえ小さな政府をますます小さくすれば、社会はいっそう不安定化する。政府への不信感は極点に達し、支出削減によってますます受益感が薄まったため、納税者の反発はいっそう強まった。この抵抗こそが、財政再建を遅らせた最大の要因だった。

財政の歴史が私たちに教えてくれるのは、財政は二種類の「健全性」から成り立っているということだ。

一つは言うまでもない、財政収支の帳尻をあわせるということだ。だが、その収支尻をあわせるために闇雲に支出を削れば、それは租税抵抗を引き起こす。

いま一つは、社会・経済上の問題をできる限り改善することで、政府への信頼感や租税調達力を高めることに成功するという意味での健全性である。財政赤字の原因を、経済・社会の変動や新たな問題の発生に求めるこの視点は重要である。

反対に、「ムダの多さ」に財政赤字の原因を求める一つ目の議論はステレオタイプに陥っており、皮相的でさえある。さらに踏み込んでいえば、「(前者の意味での)健全な財政＝財政赤字の削減」という見方じたい、鵜呑みにしていいものか疑わしい。

というのも、財政危機に直面した国家が、財政「健全」化のために、医療や年金、失業対策、住宅支援などの公共支出を大幅に削減したことで、その国の人びとの健康状態が急速に悪化した例が報告されているからだ。ＯＥＣＤのレポートによれば、経済危機に直面したヨーロッパ諸国において、自分の健康状態が悪化していると考える人びとの割合が増えている(ＯＥＣＤ二〇一五)。

ギリシャでは、財政再建のために人びとの生活に関わる支出を削減し過ぎてしまい、感染症が拡大しただけでなく、うつ病患者や自殺者も増加した。これに対して、経済危機に際しても、生活保障のための支出を維持した国では、人びとの健康状態は悪化しなかった（スタックラー、バス二〇一四）。

財政収支の帳尻を合わせることと、人びとの生存を保障することのどちらが、「健全な財政」の名にふさわしいのか。私たちは、いま一度、固定観念を捨て去り、人間が大切にしてきたコモンセンス（良識）に立ち返る必要がある。

「国民負担率」という落とし穴

以上の事実を踏まえれば、財政の健全性に対する私たちの認識は一変する。

私たちはよく「国民負担率」という言葉を使う。税収と社会保険料の合計値を国民所得で割ったものが「国民負担率」であり、政府・財務省はこの言葉を頻繁に使ってきた。

だが、注意しよう。租税や社会保険料を私たちの「負担」とするこの発想それじたいが大きな問題をはらんでいる。

育児サービスについて考えてみよう。育児に関するニーズは、公的サービス、市場からのサービス購入、家族・地域による私的ケアのいずれかによって満たされる。

確かに国民負担率が下がれば、税・保険料の負担が減った分だけ、国民全体の負担も減る。ただし、子育て世代は、削減された公的負担分を、今度は自分自身で負担しなくてはならなくなる。

それでも、子育てに必要なサービスを市場から購入できる富裕層や、家族のケアに頼れる人であれば、なんとかなる。だが、家族やコミュニティによる子育て支援は、もはやほとんど期待できない。

いまや、育児・保育にともなう負担の多くを、子育て世代が直接に背負わされている。こうしたなかで、就労をあきらめざるをえなくなった女性は少なくないし、働かなくては生きていけないシングルマザーは過重な負担にあえいでいる。

つまり、「国民」全体の負担の軽減は、社会的弱者への負担の押しつけになりかねないのである。ムダの削減を声高に叫び、国民負担率の引き下げを求める人たちは、その主張が単なる弱いものいじめとなる可能性についてもっと想いをはせるべきだろう。

いや、それどころか、そのような冷淡さはブーメランのように自分自身に跳ね返ってくる。公的部門が大きかろうが、小さかろうが、一定の社会的なニーズは必ず存在する。そして、もしこのニーズが満たされないのであれば、ニーズそのものを制限すること、つまり、子どもの数を減らすしか方法はなくなるからだ。

いかなる国であれ、人間が生きていくうえでは、一定のサービスを必要とする。問題は、そのために必要な負担を、財政を通じて皆で分かち合うのか、サービスを必要とする人に背負わせるのかということだ。

これをハッキリと示すのが表3-1である。この表は、グロス（粗）の公的社会支出とネット

表3－1　公的・私的社会支出の国際比較（2009年）

（単位：対 GDP 比 %）

	日本	スウェーデン	フランス	アメリカ	イギリス
粗公的社会支出	22.2	29.8	32.1	19.1	23.9
純公的社会支出	21.4	24.2	29.3	20.3	22.8
純私的社会支出	3.6	2.0	2.9	9.9	5.0
純総社会支出	25.0	26.3	32.1	28.8	27.6

出所：OECD (2012), *Social Expenditure Database (SOCX)*.
注1：税・保険料控除後の粗公的社会支出が純公的社会支出である.
注2：私的社会支出の過大推計を避ける調整が純総社会支出になされている.

（純）の公的社会支出、純私的社会支出を国際比較したものである。

表を見ると、アメリカの純総社会支出がスウェーデンのそれを上回っていることがわかる。意外にも、アメリカ人はきわめて豊かな福祉サービスを享受しているのである。

ただし、その分配の仕方は、スウェーデンやフランスとは違っている。表からわかるように、アメリカでは純私的社会支出の占める割合が高い。福祉サービスのかなりの部分を市場で調達しているのである。このように、社会的なニーズをおもに市場で満たすのか、公的部門で満たすのか、あるいは地域や家庭で満たすのかは、国によって異なるのである。

もちろん、現実は複雑である。介護保険制度のように、サービスじたいは、民間部門を含む多様なセクターが提供し、財源は政府が保障するという方法もある。これを準市場化という。

また、表3－1からは、ヨーロッパ諸国の公的社会支出はきわめて高いが、給付のかなりの部分が課税によって減少していることがわかる（粗公的社会支出から純公的社会支出を引いた値が日米両国よりも高いことから、それはわかる）。中間層も含めた幅広い層に給付し、低所得層も含めたこれまた幅広い層に課税することで、人間と人間の結びつきをうながしていることは、すでに序章と第一章で見たとおりである。

これに対してアメリカでは、給付ではなく、「税をおまけする」ことで、間接的な支出をおこなっている。税を戻し、租税負担を実質的に低くすることで人びとの可処分所得を増やし、市場をつうじて自分自身でニーズを満たせるようにしているのである。

だが、注意しよう。保育のニーズを市場で満たすことになれば、それを購入するだけの資力のない世帯は、家族の負担だけで子育てをしなくてはならなくなる。租税による調整にもあまり期待はできない。可処分所得を高めようとする減税政策は「自己責任の罠」を生み出してしまうからだ。

結局、公的負担の割合のちがいが示すのは、その国が多様な人びとにきめ細かく配慮する社会なのかどうか、ということである。別の言葉でいえば、財政を通じて人間どうしが支えあう社会か、そうではない社会かということである。財政をどう設計するかは、私たちの人間観・社会観と深くかかわっているのだ。

効果の薄い軽減税率は対立を招く

ここまでくればお分かりいただけると思うが、本書は、再分配を重視している。にもかかわらず私たちは、たびたび歯切れの悪い書き方をせざるをえなかった。なぜなら、財政の作り方次第で、人びとを分断・対立させたり、「低水準」で受益を均衡させたりするような再分配を実現させてしまうからだ。実際、私たちの社会がこの過ちを繰り返してきたことは、既に見たとおりである。

再分配を大別すれば、北欧やフランスのように支出を重視するタイプと、アメリカのように税による再分配を重視するタイプとがあった。後者は、昨今の日本でも消費税の軽減税率（複数税率）というかたちで大きな注目を集めつつある。だが、いくつかある再分配のなかでも、それは最悪のものである。

軽減税率をめぐっては、民主党政権時代から議論はあったが、一種の「再分配」、つまり低所得者の負担軽減策として広く人びとの関心を集めたのは、財務省案が示された二〇一五年九月以降のことである。この間、公明党がこれを推奨し続けており、政治的な支持も集まりそうな雰囲気である。

軽減税率をめぐるこれまでの議論を簡単に整理しておこう。

二〇一五年五月、与党税制協議会は、軽減税率の範囲と特徴を整理し、その結果を発表した。具体的には、低所得者への配慮、痛税感の緩和、財源の問題、軽減税率対象商品の区分、事務負担などが検討された。

同協議会の資料によれば、軽減税率を一％とした場合、「酒類を除く飲食料品」にこれを適用するには約六六〇〇億円の財源が必要となり、「生鮮食品」では約一七〇〇億円の、「精米」では

図３－３　消費税の軽減税率の効果

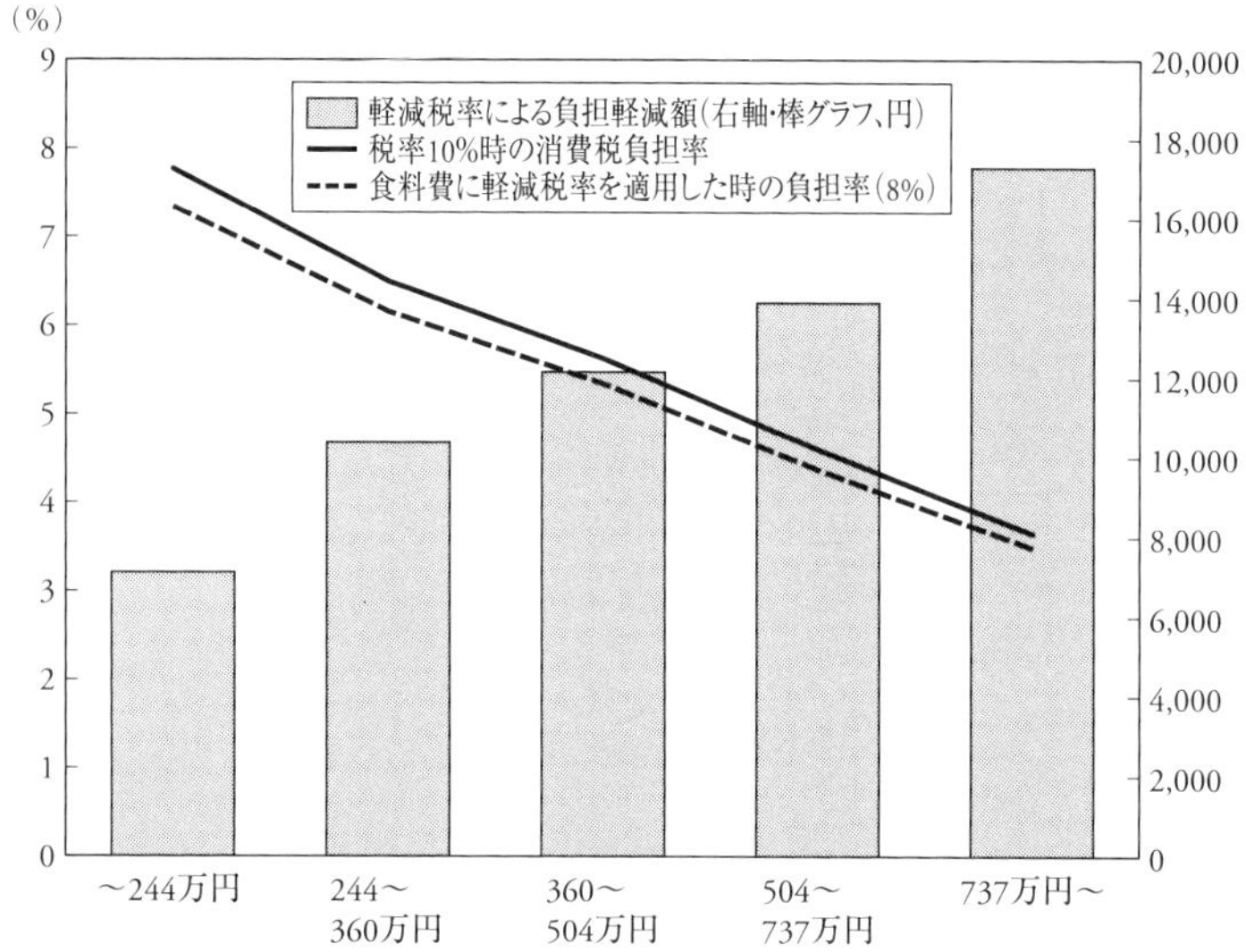

出所：総務省統計局『家計調査（2014年）』より作成.
注：消費税負担率=1年の消費税額÷年間収入×100. 非課税分を考慮している.

約二〇〇億円の財源がそれぞれ必要となる（与党税制協議会『第３回消費税軽減税率制度検討委員会　資料』）。

しかし、軽減税率を導入しても逆進性の是正効果はそれほど大きくはない。図３－３は、消費税を一〇％まで引きあげたときの消費税負担率（収入に占める消費税額）と、食料品に対して八％の軽減税率を適用した場合の消費税負担率を示している。この図から、低所得者ほど所得に占める消費税負担額が大きくなっていることがわかるだろう。これを負担の逆進性という。

図のなかには、軽減税率を実施した際の負担率も示されている。負担の逆進性が解消されていないことが一目でわかるだろう。ノーベル経済学賞を受賞したJ・マーリーズが中心となって作成した「マーリーズ・レヴュー」が強調するように、これは、高所得層も多額のお金を食料費に使うため、軽減税率の負担軽減効果が富裕層にもおよび、逆進性対策の効果が弱まったことの結果である。

一般的にいって、減税からの利益は、消費税に限らず、税の負担額が多い人ほど大きくなる。だが問題はそれだけではない。

軽減税率を広く導入しているヨーロッパでは、普通税率であれば集まったはずの税収が大幅に漏れ出し、これを補うために普通税率の高止まりが続いている。また、軽減税率の適用をめぐって、食料品業界ばかりが優遇されることに対して、他の業界から不満の声があがっている。

食料品業界のなかでも分断は生じる。フランスではフォアグラとトリュフには軽減税率が、キャビアには普通税率が適用されている。理由は簡単だ。前二者は国内産品であるため、保護政策の方針が打ち出されたのである。いずれも高級食材なのだが。

いま日本では、軽減税率を導入すれば、低所得層の消費税負担が軽減され、痛税感も緩和されるという前提で議論がおこなわれている。だが、実際にはその効果に乏しいだけでなく、社会の不信感を増幅してしまうのである。

このことは財務省も当然理解しているはずだし、やっとの思いで集めた税を国民へ戻そうと彼らが望むとも考えられない。苦渋の決断ではあっただろう。

財務省の提案した「日本型軽減税率案」は不評だった。財務省案に対し、マイナンバーカードを所定の端末にかざすのもカードを持ち歩くのも面倒だ、個人情報が流出するのではないか、端末の準備やカードの普及に時間がかかるなど、さまざまな批判が寄せられた。与党内からは軽減税率の効果が弱いとの批判も出た。

だが、これらの批判はことごとく本質を外していた。そもそも、軽減税率のデメリットのひとつは、手数がかかる割に再分配効果が弱いことである。また、ヨーロッパ諸国の経験を見ればわかるように、軽減税率は政治的対立を生み、普通税率を高止まりさせる。

「逆進性対策」というもっともらしい説明で進められているこの施策であるが、実態は矛盾に満ちている。「貧しい人を助けさえすればなんでもよい」という政治的メッセージの軽さ、発想の安易さを象徴するかのようである。

「必要原理」の提唱

私たちが提唱するのは、「低所得層の税をおまけする」ことに重点を置くような、せまい意味での「再分配」ではない。この社会が陥っている「三つの罠」から抜け出すために、人間の生存・生活にかかわる基礎的ニーズを財政が満たすというアプローチを提唱する。その核となるのが「必要原理」である。

アイデアじたいはオーソドックスである。人びとが尊厳を傷つけられることなく、安心して生活できるよう、租税をつうじたサービス保障を実現させるのである。

そこでは、経済成長は目的ではなく、人間が幸福になるための一手段へとかたちを変える。むろん経済成長の必要性を否定する必要はない。あくまでも、経済成長は必要原理にもとづく変革の結果として実現するのである。

この必要原理に根ざした変革の前には、ひとつの大きな障害がある。私たちが繰り返し指摘してきた、「貧しい人を助けるのは正しい」という「公平観」がそれだ。

こうした人間の善意はまったく正しい。だが、この観点による再配分政策が、私たちの社会を息苦しくしてきたことも、まぎれもない事実だ。私たちの「公平観」を問い直さなくてはならない理由が、ここにある。

戦後の日本社会は、勤労が支える経済成長が豊かさを実現するなかで、社会的な弱者を救済するという「成長＝救済型モデル」を形づくってきた。確かに、自分が豊かになれなければ、弱者に救いの手を差し伸べるという寛容の精神も育まれるはずがない。このことに私たちは全面的に同意する。

しかし、「弱者救済」という、道徳的な正義観がむしろ足かせとなって、格差是正が置き去りにされてしまったという悲しい現実を、私たちは見過ごしてきた。

「弱者」という特定の人びとを受益者とする政策には限界がある。そうした政策の恩恵にあずかれる人とそうでない人が区別され、両者の間に不信感が広がり、さらなる経済格差を生んでは、生活の空間までもが区分される。こうして社会の分断化が雪だるま式に進む。

自分が豊かになることが他者の幸福につながるという、人間の原点へと回帰しなければならない。新しい財政モデルを探求しなければならないのである。

私たちは社会の分断線をなくすことをめざす。この観点からは、教育や医療、育児・保育、養老・介護といった現物給付の役割が重要になる。なぜなら現物給付は、あらゆる人間が必要とするものからできているからだ。たとえば、教育にせよ、医療にせよ、誰もが必要とする社会共通のニーズである。だからこそ、これらのサービスは無償ないしは低価格で提供されてきた。

誤解してはならないのは、必要原理にもとづく現物給付は、再分配を目的としてはいないということだ。あくまでも人間の必要を満たすのが目的であり、所得格差の是正は、その結果にすぎない。

現物給付がもたらす効果を所得階層別に見てみると、低所得層ほどその恩恵を受けていることがわかる。理由は簡単だ。年収百万円の人に百万円分のサービスを提供する場合と、年収一億円の人に百万円のサービスを提供する場合を比べてみればよい。所得改善効果は当然ながら前者の方が大きくなる。だが、これは弱者救済ではない。あくまで人間のニーズを満たした結果なのだ。

図3－4は、現物給付の規模の変化と所得格差縮小効果（ジニ係数の変化）の関係を示したものである。この図からわかるのは、現物給付を受ける人の範囲をいっそう拡充していけば、所得の格差が縮小するということだ。つまり、必要原理にもとづく現物給付の拡充によって、結果的に格差是正効果は大きくなるのである。

じつは、財政支出のなかには、再分配機能をもってはいるものの、必ずしも再分配がその目的ではないものが少なくない。

巨額の財源が投入されている義務教育制度はそのひとつである。教育に必要な費用が所得に占める割合を見ると、低所得層ほどその割合は大きくなる。義務教育制度は、実際には、所得階層間の再分配をおこなっているのである。

では、人びとがこの制度を支持しているのは、所得格差が小さくなるからだろうか。それは違うだろう。あくまで人間の教育の権利を保障するためであって、格差是正は副産物にすぎない。

これに対して、たとえば、高額所得者の子どもが小学校に通っている場合、いくら義務教育段階であっても、授業料はその親に負担

図３－４　現物給付の規模の変化と所得格差縮小効果の関係（2000 ～ 2007年）

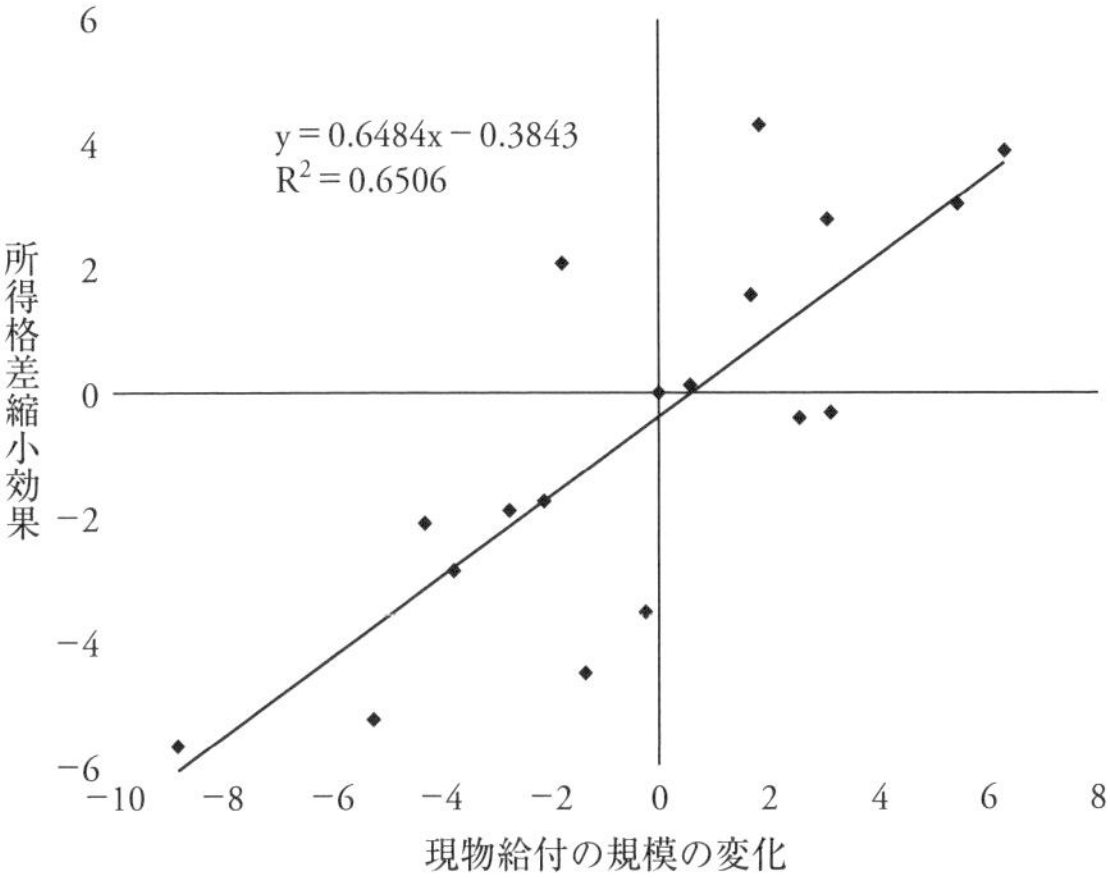

出 所：OECD(2011), *Divided We Stand:Why Inequality Keeps Rising*, OECD Publishing, Paris,p.330.

注：現物給付の規模の変化とは，2000 ～ 2007年における現物給付の可処分所得に占める割合の変化（%ポイント）を，所得格差縮小効果とは，同期間におけるジニ係数の変化（%ポイント）を指している．データはOECD17カ国であるが，データの都合上，日本は含まれていない．

させるべきだという意見もありうるだろう。

だが、それには賛成できない人が少なくないはずだ。なぜなら、同じ小学校の子どもであるにもかかわらず、富裕な家庭の子どもと、そうでない家庭の子どもの間に線が引かれてしまう。富裕な家庭の子どもはそうでない子にどう接するだろうか。貧しい家庭の子どもはどう感じるだろうか。子どもの自尊心を踏みにじるような政策が正しいはずはない。

子どもたちにとって、教育はひとしく必要なものであり、それを満たさなければならないという社会的な合意があるからこそ、義務教育は無償化された。そのための財源は、私たちが共同で負担するのであり、つまり租税によってまかなう。

必要原理にもとづく現物給付の拡充は、公共政策をめぐる議論にも影響を与える。

必要原理のもとでは、誰がサービスを受け取るべきかについて、議論の余地はほとんどない。子どもには教育を受ける権利があるという社会的な合意のもと、必要原理にもとづいてサービスを給付するという発想は、高所得層への課税と低所得層への給付という構図とは対極のところにある。

もちろん、人間のニーズを「市場原理」に委ねることができないわけではない。アメリカのように基軸通貨国であり、経済的な覇権を手にした国であれば経済成長も多少はコントロールできるかもしれない。実際、グローバリズムは自国利益の維持・拡大のために採用されてきた。

勤労国家レジームも、このグローバル化の流れのなかで機能不全に陥った。成長を与件とすることの危険性・非現実性は誰の目にも明らかであり、何より巨額に積みあがった政府債務がそのことを如実に物語っている。

2　子どもの教育と格差

格差が成長を阻害する

私たちは、人間の必要にそくして、広範な階層へ現物給付をすることを提案している。このことが人びとの間の不要な分断線をなくし、結果的には格差是正効果をもつことも指摘した。

次に考えたいのは、私たちの提案と経済成長の関係である。

所得再分配政策に対しては、「政府を大きくし、市場を圧迫すれば、経済成長は鈍化する」という根強い批判がある。この批判の正否を問うには、国内の不平等を是正することと経済成長率の間にいかなる関係があるのかを検討しなければならない。

所得格差が経済成長率に与える影響については、おびただしい数の研究が存在する。

日本では民主党政権下の「ナショナルミニマム研究会」がこの問題に関する整理と政策効果の推計をおこなっている。きわめて貴重な研究会だったが、中間報告を出して以降、その活動を中止してしまった。

海外に目を転じると、ＩＭＦスタッフによる論文と、ＯＥＣＤスタッフによる論文（その後、二〇一五年の報告書に所収）がよく言及される。この二つの論文は二〇一四年に相次いで発表され、再分配後の所得格差（課税後、給付後の所得格差）が中期的な経済成長率に悪影響をおよぼすことを示し、広く話題を集めた。

ＩＭＦのオストリーらは、格差と中期的な経済成長率の関係を次のように整理している（Ostry et al. 2014）。

まず、再分配政策の規模と経済成長率には何らかの関連性があると指摘する。ここでは次の二つの前提が設けられている。①再分配前の所得格差が大きいとき、積極的な再分配政策が実施される確率が高まること、②再分配のために租税負担が増加すれば、短期的には経済成長率にマイナスの影響が出ること、である。これらの前提が正しければ、再分配前の格差の拡大が再分配政策の実施をうながし、経済成長率を一時的に低下させることとなる。

これらの前提が正しいかどうかは、ここではあまり問題ではない。[2] 重要なのは、一時的な経済成長率の低下、所得の減少をつうじて、低所得層を中心とする世帯が教育や医療を十分に受けられなくなるという事実だ。

再分配後の格差が経済成長率を低下させることも考えられる。貧困や病気が原因で十分な教育を受けられないとすれば、その後の子どもの人生に大きな影響を与えることになる。別の角度から見れば、所得格差を原因とする貧困やサービスの不足が、社会全体の平均的な教育水準を低下させ、労働の経済効率性を高める投資を阻害し、中長期的な経済成長率を低下させるのである。

それとは異なるマイナスの経路がもうひとつある。経済格差が悪化すれば、社会は不安定になる。社会が不安定化すれば、投資家は安心してその国に投資できなくなる。その結果、経済成長が鈍化する、という経路だ。

以上のことからわかるように、格差の拡大は経済成長を妨げる。逆に言えば、格差を是正することで、教育水準や技能の向上等を通じて人びとの人的資本が蓄積され、経済成長率が高まる可能性がある、ということである。

オストリーらの分析について、さらに踏み込んだ検討を加えてみよう。

ここでの焦点は、中期的な経済成長率（各国の一人当たり実質GDPの五ヵ年平均成長率）と、経済成長の持続性の指標である「経済成長が翌年に終了する確率」である。

オストリーらは、これらと再分配後のジニ係数との関係を見ることで、①「再分配後のジニ係数」が高くなるほど、つまり再分配後の格差が大きくなるほど「中期的な経済成長率」は低くなる、②「再分配後のジニ係数」が高くなるほど、持続的な経済成長が達成できなくなると結論づけた。つまり、経済格差が小さい国ほど、中長期的な経済の成長率が高くなり、成長の持続性も期待できるのである。

ＯＥＣＤのスタッフらは、国ごとのデータやＯＥＣＤ成人技能調査（ＰＩＡＡＣ）のデータを用いて、経済格差が子どもの就学状況に与える影響の強さを分析している。

この報告書[3]では、成長に対して格差が与えるマイナスの影響は、貧困層ばかりでなく、下位四〇%の所得層においても見られることを明らかにしている。その理由は、経済的に余裕のない人びとは、自分自身の技能や教育に対して十分な投資ができないからである。つまり、教育格差は中間層も含めた社会全体の問題なのである。

そのほか、この報告書では、①租税政策や移転政策による格差是正への取り組みは、適切な設計のもとで実施される限り、成長を阻害しないこと、②長期的な経済成長を促進するには、就学前教育の段階から人的資本への投資をスタートさせ、義務教育のもとでもこれを維持すべきこと、③就学から就労への移行がうまくいったあとは、生涯にわたる技能への投資が必要となること、④職業訓練や保健医療サービスといった公共サービスへの人びとのアクセスを保障することは、長期的な機会均等に資することを、指摘している。

所得格差が経済成長率に与える影響はさまざまである。低所得層と中間層との経済格差が大きければ経済成長率は低くなるが、中間層と高所得層との経済格差が大きければ、反対に経済成長率が高くなることを明らかにした研究もある（Voitchovsky, 2005）。

この知見によれば、経済的な格差が多少は存在するような「競争社会」の方が望ましいという意見と、経済格差は望ましくないとする意見とは、必ずしも矛盾しない可能性さえある。つまり、格差が必要なのは中高所得層の間であって、中低所得層の間ではないのである。

中間層も含めたあらゆる人びとが、人的資本を蓄積できるようにすることが重要であり、結果としてそれは経済成長率を高める。この議論は、より大きな広がりをもつ。というのも、格差だけでなく、相対的貧困、労働市場・教育機会からの排除、乳児死亡率、自殺率などが高まっている社会の経済成長率は低いという研究報告すら存在するからだ(Dell'Anno & Amendola, 2015)。

中低所得層が高所得層を「救済」する社会

このように、格差が中長期的な経済成長にマイナスの影響を与えることを示す研究が近年蓄積されている。だからといって、「格差を小さくすれば、中長期的には経済は成長する」という主張を中高所得層がすんなりと受け入れるかどうかは分からない。

たとえリベラルや左派にとっては常識であっても、「結果の平等」に対して、批判の声をあげる人は少なくないだろう。

こうして「機会の平等」が大切だという主張が勢いを増す。チャンスが平等に与えられ、公正な競争が可能になれば、その後に生じる格差は受け入れるべきだという主張だ。

だが、現実はそう簡単ではない。すべての子どもがひとしく医療や教育のサービスを受けられるように「機会の平等」を保障しようとすれば、経済成長による増収が必要だ。ところが、その経済成長を実現するためには、所得格差の縮小、つまり「結果の平等」が必要なのである。

ここに大きなジレンマがある。

繰り返し指摘したように、私たち日本人は格差を是正することにほとんど関心をもっていない。つまり、結果の平等を実現することで経済成長をうながすという政策が実施できない点にこそ、問題の核心があるわけだ。いくらリベラルや左派が「格差を是正すれば経済は成長する」と訴えたところで、結果の平等に対する根強い反感がある限り、経済成長も、機会の平等も、実現は難しい。

私たちが格差是正を目的としない「必要原理」を重視する理由は、まさにこの点にある。つまり、この原理にもとづく財政の再編は、中間層も含めた社会の構成員すべてが安心して生活でき、確かな生存が保障されることを目的としており、格差是正はその結果として実現するのである。

必要原理に立つ以上、あらゆる人を受給者とすることが最終的な目標である。だが、実際に人びとの基礎的ニーズを満たしていくうえでは、いくつかの段階を設けることとなる。

まずは、中間層の生活を保障するための第一歩として、「〇〇万円以下の年収の人にだけ給付できる」という「所得制限」を緩和し、必要なサービスを提供していく。

同時に、育児・保育に必要な費用や医療費、介護の自己負担分など、税以外に支払っている公的負担を少しずつ低料金化し、無償化していく。この施策が低所得層だけではなく、中間層の受益となることも強調しておくべき点である。

以上のプロセスは、短期的には、低所得層だけではなく、やせ細っていく中間層の利益を保障し、中間層が低所得層と同盟関係を結ぶことで、双方ともに利益を得られる社会をめざすという

図3－5　各部門の雇用創出効果

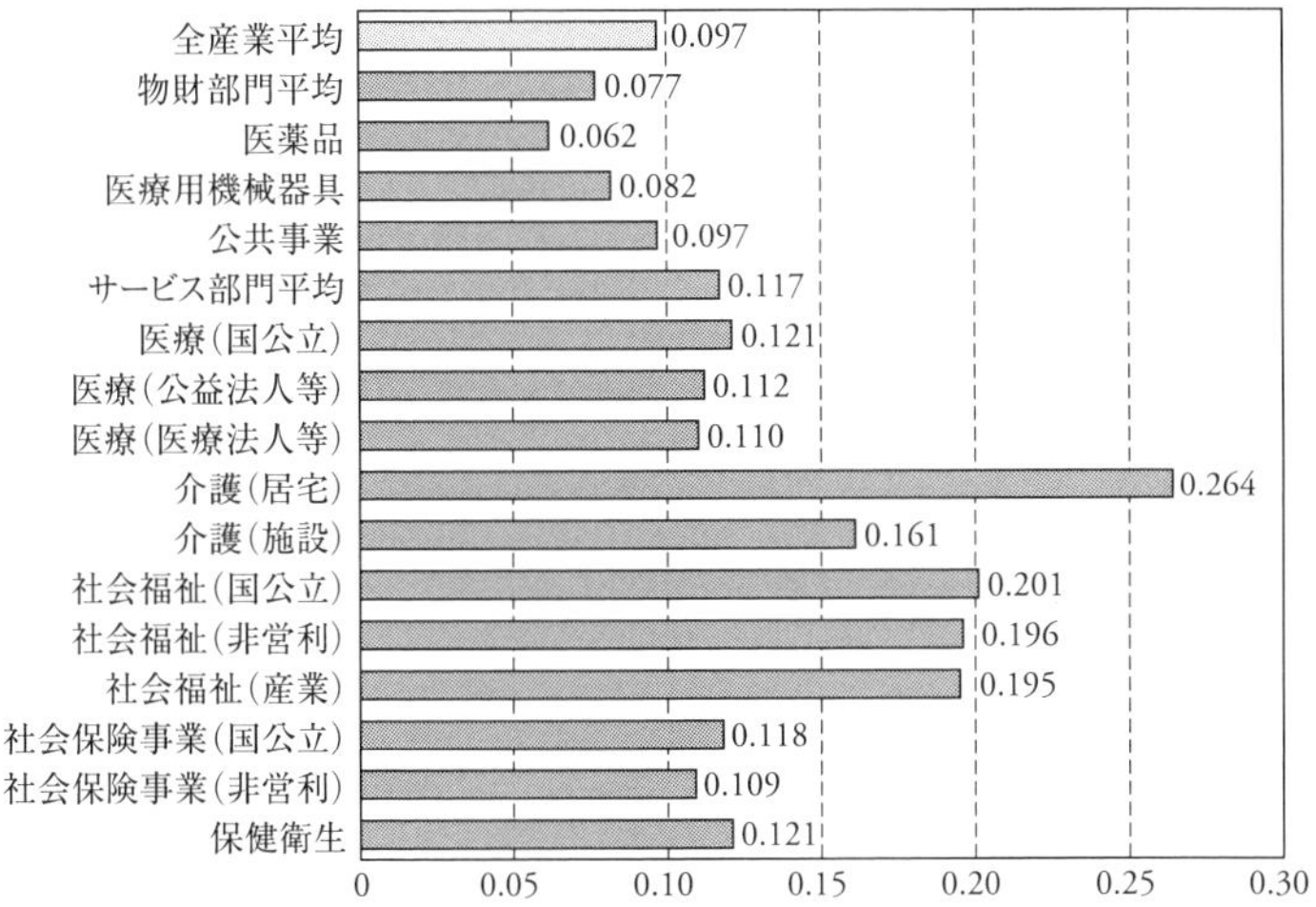

出所：医療経済研究機構（2010),p.14より作成.

ことを意味している。いわば、低所得層への「やさしさ」が、中間層にとっての「受益」に直結する財政構造へと作りかえていくのである。

必要原理にもとづく財政の再編成によって、多くの人たちの、医療や教育などの公共サービスへのアクセス状況は改善し、それによって経済成長率が高まることも期待できる。

さらに言えば、医療や教育だけでなく、育児・保育、養老・介護といった現物給付を拡充する場合、そうしたサービスが雇用を生み出す。図3－5は、二〇〇五年の産業連関表による医療・介護・福祉関連部門や公共事業等の雇用誘発係数（一〇〇万円の需要の増加が生む雇用者数）を示している。この図からわかるように、医療や介護の分野では雇用創出効果が大きい[4]。

J・シュンペーターは、中長期の経済成長率は内的な「新結合」によって生み出されると述べた（シュンペーター一九七七）。つまり、個々人の創意工夫が継続してなされ、そこでの発見や成果が結合することで、経済成長は実現するのである。

そうであれば、誰もが創意工夫できる社会の条件を整える方向へと舵を切っていくことこそが重要なはずである。生活のニーズを満たしていくことは、経済成長の源泉となりうる。必要原理は、結果として経済成長を実現するのである。

これらのことが実現した次の段階として、高所得層が受益者となる方向性を追求することが大切である。なぜなら、人間のニーズを満たすことが、もっとも重要なことだからだ。

絶対的貧困や相対的貧困といった概念で国際的にも定義されている貧困層とちがい、富裕層の定義は、調査する者によってかなり幅がある。

World Wealth Report 2015では、一〇〇万ドル以上の投資可能資産（investable assets）を保有する世帯数で、野村総研のデータ[5]では、一億円以上の純金融資産を保有する世帯数で推計される。ちなみに前者では全体の五%、後者では二%が富裕層である。あるいは思い切って年収一〇〇〇万円以上とするなら、厚労省『国民生活基礎調査』によると、約一一%の世帯が富裕層ということとなる。

多く見て一一%、少なく見て二%程度の人びとを社会的に排除することは、低所得層を排除することと同様に社会の分断を強めるきっかけとなる。ちなみに、世帯所得で見てみると、一五〇万円以下の層が全体の一二％程度を占めている。これらの世帯を社会的に排除することは、富裕層を排除するのと等しいのだ。

中低所得層の生活を保障し、経済が成長すれば、当然、高所得層にも利益はおよぶ。これは、経済成長によって富裕層の富が増大し、その一部が低所得層にも滴り落ちるという「トリクルダウン」効果とは反対の発想である。貧しい人たちや中間層が成長の原動力となり、それによって富裕層をも包み込む。あえていうなら、「トリクルダウン」効果ならぬ、「エンブレース（embrace）」効果の発生である。

この「エンブレース」効果を強めるためにも、「所得制限」を少しずつ緩和し、最終的にはこれを撤廃することが望ましい。そのことによって、高所得層も含めたすべての人の基礎的ニーズを満たしていく社会を展望することができるようになる。

大切なポイントなので、もう一度言おう。私たちは富裕層を排除する必要はない。中間層の利益を重視し、それによって可能となる中低所得層の新たな同盟が、富裕層をも包み込んでいく。そんな温もりのある社会をめざすべきなのだ。

最後に、教育に関連してもう一点、大切なことがある。それは、教育制度の充実は他者への信頼や健康、社会活動への意識を高めるということだ。

ＯＥＣＤによる調査結果によれば、学歴と読解力の習熟度は、「自己評価による健康状態、ボランティア活動、他者への信頼、政治的効用感」などの社会的要因と強い相関関係がある（ＯＥ

CD二〇一四）。つまり、公教育の充実をつうじて、社会に対する信頼や関心が醸成されるのである。このことの重要性については本章の最後に触れる。

教育を出発点とする財政の健全化

人間の生活を支えるための適切な制度や政策を実現できれば、私たちは安心して暮らせるようになり、結果的に格差は是正され、経済も成長する。だが、この「適切な制度や政策」の実施を阻むのが、「財政が厳しいため、これ以上は支出を増やせない」という「常識」である。

この問題については、次の章でもあらためて検討する。ここでは、財政規模の大小と政府債務の大小の間には決定的な関係はないという事実を思い起こしてほしい。

はっきりしているのは、すでに人口縮減期に突入したいま、将来世代も含めたあらゆる人たちが、その潜在能力を開花できるような環境を作り出さなければ、中長期的な経済成長も財政の健全性も実現不可能だということだ。

必要原理に支えられた財政が、どのように財政を再建するのか。ここでは、成長の原動力ともいうべき教育を取りあげ、その道筋について考えてみることとしよう。

教育に財源を投入する場合、就学前教育（保育サービス）、義務教育、高等教育、就労支援がその投入先になる。アメリカの事例ではあるが、経済学者J・ヘックマンの研究によれば、就学前教育をおこなうことで、所得や労働生産性の上昇、生活保護の削減効果などが生まれ、社会的な投資収益が一五〜一七％は上昇することがわかっている。

カリフォルニア州の別の調査では、同州の下位二五％に属する、生活上のリスクが大きい家庭に対して、幼児教育の機会を提供することで、一ドルの投資から約二ドルの収益が期待できることが明らかにされている。

それだけではない。財政へのメリットも大きい。学校の成績や高校卒業率が高まる一方で、犯罪発生率は下がり、将来の所得は増える。この結果、政府の支出は減り、税収が増えることが期待されるからである。

とりわけ上位二割の高所得層と下位二割の低所得層の間にいる中間層に焦点をあわせると、一六歳から二四歳の留年者や中退者の五割をこの層が占めている。幼児教育の受益者の範囲を、貧困層だけでなくこの中間層にも広げていくことで、社会的な投資効果は最大四・二ドルまで高まるという（ヘックマン二〇一五、Karoly et al. 2005）。

人的投資が財政に与える影響は、その他の事例でも示すことができる。先に言及したナショナルミニマム研究会では、日本において職業訓練や再教育などの就労支援を拡充した場合、どのような効果が見込めるのか、研究結果を発表している（ナショナルミニマム研究会二〇一〇）。

研究メンバーである阿部彩の推計によれば、一八歳の若者に対して、二年間にわたって計四五八万円の就職支援をおこなうと、その人が二〇歳から六四歳まで仕事をした場合、税収増や支出削減によって最大で七〇〇〇万円から一億円のメリットが生じるという（ナショナルミニマム研

図３－６　世代間の所得弾性値と経済格差の関係

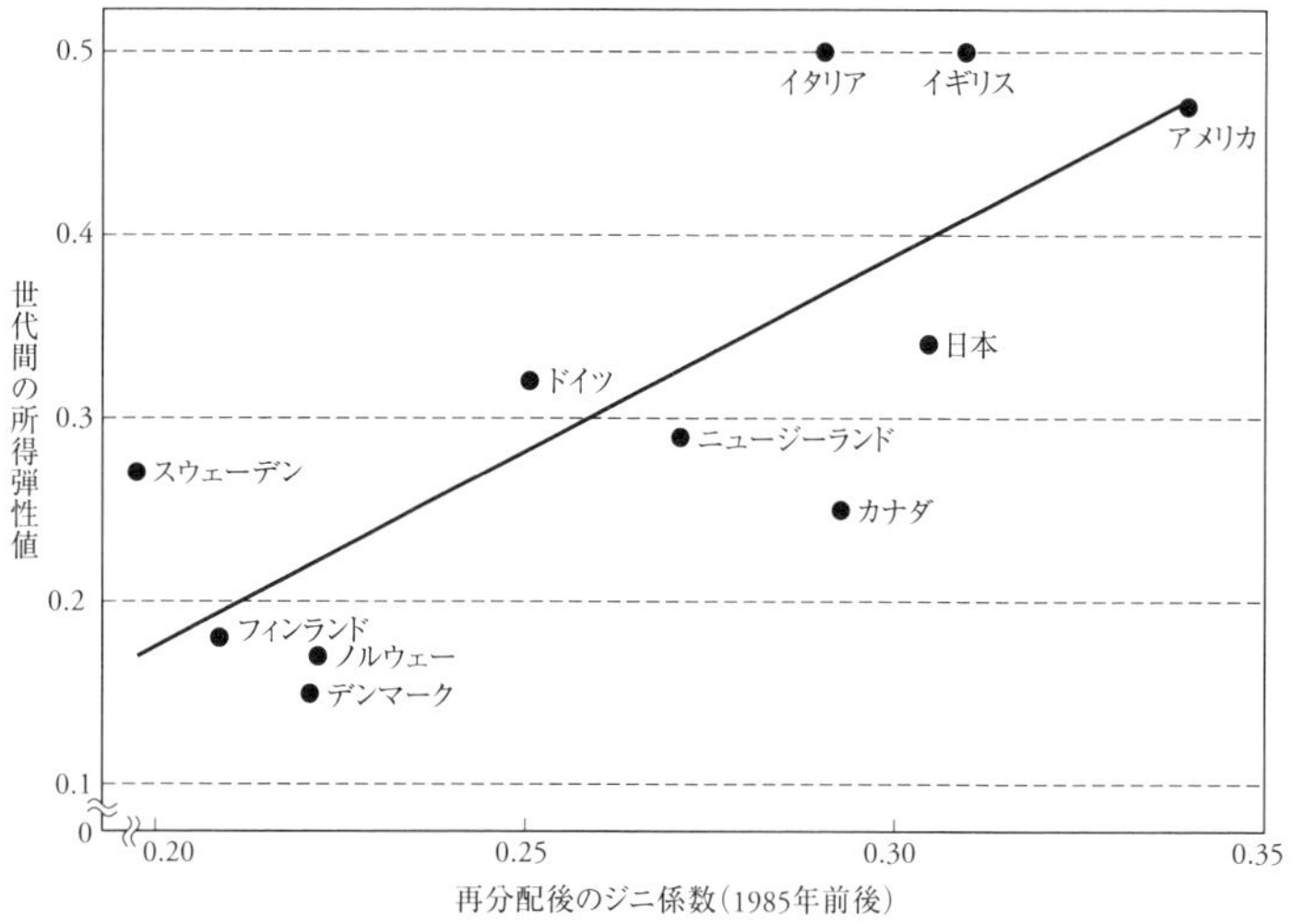

出所：Corak, M.(2013),“Inequality from Generation to Generation: The United States in Comparison,” in Robert Rycroft eds, *The Economics of Inequality, Poverty, and Discrimination in the 21st Century*, ABC-CLIO. 再分配後のジニ係数はOECD.statより.

注：父親が40歳だったときの所得と，その子供が40歳になった時の所得の関係.

究会第一〇回配付資料）。

このように、職業訓練や再教育も含めた教育が、将来の収益を生み出すうえで有効な「社会的投資」であることを踏まえれば、階層が固定化し、低所得層を中心に教育の機会が剥奪されるような事態は避けなければならない。

図３－６は、Ｍ・コラックの分析をもとに、世代間の所得弾性値とジニ係数の関係を見たものである（**Corak 2013**）。

世代間の所得弾性値とは、親世代の所得が一％上昇したとき、子ども世代の所得がどの程度上昇するかを示す数値である。この図から読み取れるのは、再分配後のジニ係数が高い国ほど、親の収入によって、子どもの所得水準が決まる度合いが高いということだ。

この図が示すように、世代間の所得弾性値が高いのは、イギリス、イタリア、アメリカである。日本はこれに続く。出生時の経済格差が子どもの将来に大きな影響を与える状況が続けば、この値は悪化するだろう。事実、日本における子どもの貧困率は、国際的に見て高い水準にある。

じつは、北欧諸国でも、親世代から子世代へと格差が受け継がれる傾向が強かった。だが、二、三十年かけて彼らは、家庭内の経済力を底上げし、子どもの貧困を改善させ、格差の継承を弱めることに成功した（エスピン＝アンデルセン二〇一一）。

具体的には、一九七〇年代から公的保育サービスを拡充することで、子どもたちの間にある教育機会の格差を低減させた。この施策によって拡大した公的保育に加え、介護部門などのサービス産業に女性が就労することで、世帯所得も改善した。現在、専業主婦はわずか数％しかいない。

こうしたなかで、女性が子育てのためにキャリアを中断しなくてもすむように、良質な保育サービスの提供や育児休業期間中の所得保障など、両立支援の施策が拡充された。戦後には、家族支援策の一環として、児童手当制度も導入されている。

子どもへの教育投資は、社会の未来への投資にほかならない。同時にそれは、国境さえ越えて実現されるべき、普遍的なニーズである。こうしたニーズを起点としつつ、格差是正と経済成長を同時に実現しながら、財政再建に必要な財源を生み出していく。言い換えれば、中長期的な視点からの人間への投資、これも立派な公共投資であり、その結果として財源も生み出されるのである。

女性の就学と育児支援

子どもの教育の問題は、女性の就労問題と切り離すことができない。女性の就労と育児支援について、各国がどう対応しているかを見ると、大きく三つのパターンにわけられる（筒井二〇一五）[6]。

まず、アメリカや北欧諸国のように、女性の就労促進と出生率の回復に成功した国がある。アメリカでは、育児支援に対する公的支出が不十分である一方、徹底した規制緩和によって雇用の機会を確保してきた。移民も含めて労働力が豊富であるため、企業は人件費をあまり意識せずに女性を雇用でき、女性が高い地位につくことも珍しくなかった。その半面、市場における賃金格差は拡大した。

一方、北欧諸国では、保育や介護などの公的部門で女性が働くことで、アメリカのような「自由主義」の国と同じく、雇用の拡大と出生率の回復に成功した。その代償として、公的部門には女性、民間部門には男性という性別職域分離が定着してしまった。

三つ目のケースはドイツである。同国では、世帯の稼ぎ主である男性の所得を保障する体制が定着した。不況期には、労働者の早期退職を促す「労働力縮小」戦略を政府が推進した。早期退職する男性の所得を公的年金で保障しつつ、若年層の雇用の確保が図られた。その結果、労働市場における男女間の格差は温存され、出生率の回復にも失敗している。

日本では、一九七〇年代から待機児童の問題が意識されてはいたが、保育サービスの拡充をはじめとする両立支援のための政策は先送りにされてきた。ドイツと同様に、男性稼ぎ主がいて、専業主婦が家族ケアを担うという構造が温存されたのである。制度面でそれを支えたのが、配偶者控除や第三号被保険者制度などであった。

民主党政権のもとでも事態は大きく動かなかった。政権発足時の世論調査では、保育「サービス」の拡充が求められていたにもかかわらず、同党は、現金給付を拡充しさえすれば、人びとは各々の保育ニーズを自分で満たすだろうと考えていた。民主党の考えと子育て世帯のニーズとの間には少なからぬギャップがあったのだ（萩原二〇一三）。

待機児童の問題は、都市部を中心にいまだに解決されていない。日本の場合、子どもの貧困率が高いことに加え、図3―7のように、就学前教育と高等教育における私的負担が重い。育児・保育整備をすすめることは、子どもの教育機会を提供するだけではなく、女性の就労機会を増やし、子どもの貧困化を防ぐことにもつながる。育児・保育のサービス拡充は喫緊の課題である。

この問題を考える際に参考となるのは、北欧諸国ではほとんどのシングルマザーが就労しており、それが貧困の抑制に結びついているということだ（エスピン＝アンデルセン二〇一一）。

子どもをもつ女性の就労が難しくなれば、女性の貧困は放置され、子どもの出生時の経済格差

図３－７　教育段階別の教育の私的負担割合

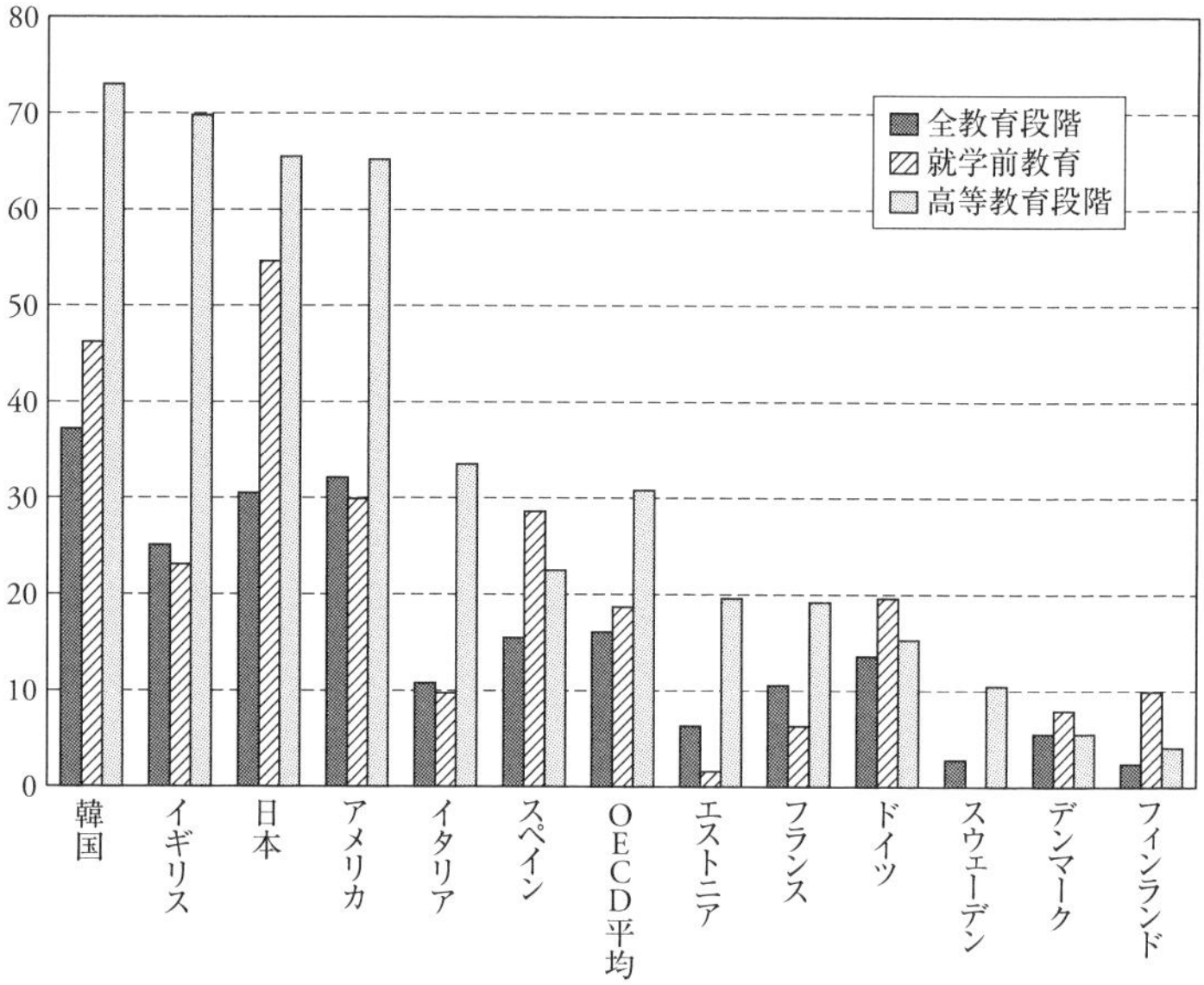

出所：OECD（2014），『図表でみる教育　OECDインディケータ(2014年版)』明石書店，表B.3.1.

注：私的負担は家計負担と「その他の私的部門の支出」の合計.

が時間の経過とともに悪化しかねず、その子が大人になったときの就労時格差をも生み出す。結果として階層は固定化し、社会の分断はいっそう進むだろう。

そもそも、どのような家庭に生まれるか、障害があるかないかといった問題は、子どもの「自己責任」ではまったくない。そのような理不尽としかいいようのない問題を無視することは、公平性の観点からも許されないし、経済的に見てもきわめて非効率的である。子どもの貧困をなくすための政策は、中長期的な成長と税収増につながるということを重ねて強調しておきたい。

3　必要原理にもとづく制度改革へ

社会的にも政治的にも「効率的」な政策

私たち人間に共通する基礎的ニーズとしての子どもの教育を充実させることが、結果として、中長期的な経済成長や財政再建につながることを強調してきた。

だが、必要原理の重要性はこれにとどまらない。人間の基礎的ニーズを広範に満たしていくというアイデアは、さまざまな「効率性」を私たちの社会にもたらしてくれる。

ここで「効率性」といったとき、読者のみなさんは、ほぼ間違いなく、経済的な効率性を思い浮かべるのではないだろうか。

だがこれは奇妙な話だ。なぜなら、社会的・政治的な効率性をもつ政策は、理論上も、現実にもあり得るのであって、この二つの効率性と経済効率性を総合的に検討するなかで、どれが望ましいかを議論することが理にかなっているはずだからだ。

たとえば公共投資を考えてみよう。公共投資は雇用創出効果が弱く、経済的に非効率的な投資だと私たちは考えがちだ。だが、地域に一定の雇用や兼業先をうみ、そのことが地域コミュニティや農業の維持・活性化に役立つのであれば、それは社会的に効率的だということになる。あるいは、いくら経済的に非効率的でも公共投資が続けて実施されたのは、皮肉を込めて言えば、それが政治的に効率的だったからである。

ここで格差是正政策と所得再分配政策における「効率性」について考えてみよう。現金給付をつうじた格差是正を手がかりに、この問題に迫ってみたい[7]。

現金給付による再分配効果は、再分配の規模（予算規模）、所得に占める現金給付の割合、低所得層へのターゲティングの程度などに左右される。ここでいう低所得層へのターゲティングとは、再分配政策の結果、低所得層が受けとった現金給付の所得に占める割合を指す。

低所得層へのターゲティングを実現する手段として、所得・資産額によって受給者を決める選別主義がある。

ここで、必要原理にもとづいて、受益者の範囲をできるかぎり広げようとする立場を、普遍主義と呼ぶことにしよう。仮に、子育て世帯の大半が貧困に陥っている国があったとして、普遍主義にもとづけば、富裕層であれ低所得層であれ、すべての子育て世代に同水準の現金を給付することになる。

このとき、低所得層も給付の受益者になるわけだから、低所得層へのターゲティングが実現する。つまり、普遍主義にもとづく給付は、選別主義のように、低所得者のみを選び出して現金給付をしなくても、低所得層へのターゲティングにある程度成功し、再分配を実現することができるのである。

　これに対して、低所得層だけを選別して現金を給付する場合、総額が少なくて済むので、財源を節約することができ、経済効率的に再分配の効果が期待できる。

　だが、ここで問題が生じる。政府は、再分配政策の対象となる人をどのようにして発見するのだろうか。所得を基準にすればよいだろうか。だが、本当に困っている人を探し出すことの難しさは、第一章で指摘したとおりである。実際、保育料の減免も児童手当も、すべての共働き世帯に共通するニーズであり、所得の水準のみでは決定できない。

　ここで考えられるのが、広範な所得階層を対象として現金を提供し、これに租税や保険料を課すことで財源を調達するというアプローチである。その際、租税制度に累進性が備わっていれば、高所得層に給付が向かう一方で、彼らへの給付の一部は税金として回収することができる。

　あるいは反対に、低所得層の所得を底あげし、貧困世帯から抜け出させることに主眼を置くのであれば、低所得層を対象として給付付き税額控除のような仕組みを導入することも考えられる。

　だが、どのような制度設計であっても、再分配のための財源を十分に確保できなければ、貧困問題を解消することはできない。ここで考えなければならないのが租税抵抗の問題である。選別主義にもとづいて受益者を低所得層に限定してしまえば、租税抵抗が発生し、大規模な再分配をおこなうことが難しくなってしまうのだ。

図３－８　相対的貧困率と現金給付の規模の関係（%）

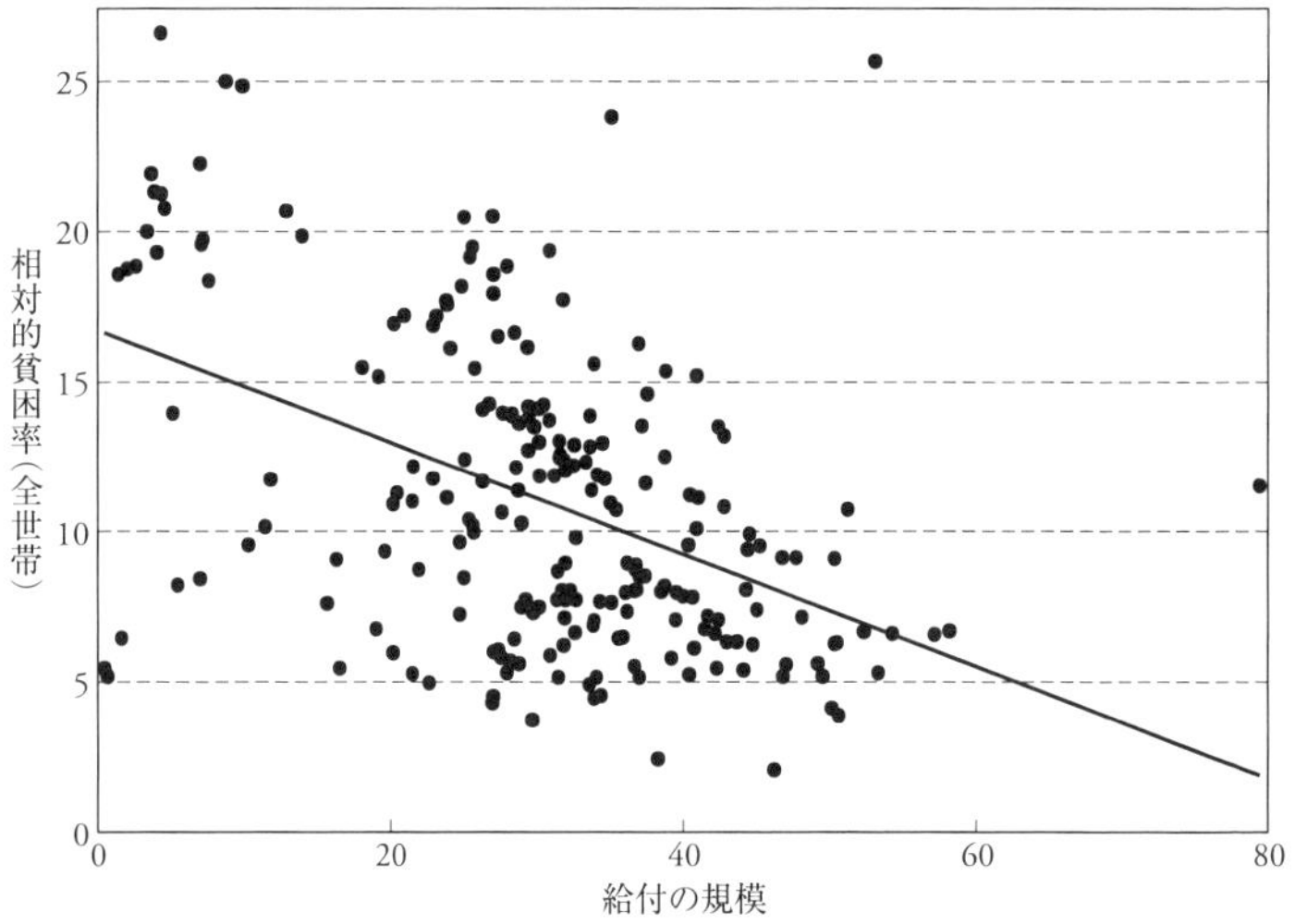

出所 :Brady and Bostic(2015) の手法を用いて、LISより計算.
注 : データは, LISに登録されている各国各年のもの. すべての国に同様の年数がそろっているわけではない.

この懸念は実際に起こりうる。図３－８は、世帯の可処分所得を世帯人数の平方根で割った「等価可処分所得」に占める現金給付の規模（国内平均値）と相対的貧困率の関係を示している。再分配のための予算規模が拡大している国とは、制度の対象者を拡大している国でもある。すなわち、この図は、どの程度、幅広い所得階層に給付をおこなうかを示している。給付規模の拡大に成功している国ほど、再分配後の相対的貧困率が低い傾向にあることがわかる。

また、この図は、再分配の規模が小さい国、すなわち、「貧しい人を救済することに特化している国」は「格差の大きな国」でもあることを示している。経済的な効率性が高いと考えられている選別主義的な仕組みが、なんらかの非効率性をもたらしているのである。

低所得層などの特定のグループを受益者にしてしまえば、再分配政策への共感は失われる。そして、給付の対象を限定すればするほど、対象から漏れた人びとの不満が強まり、再分配拡大に必要な財源確保への合意調達が困難になる。給付規模が拡大できないのであれば、所得格差も大きくなる。格差の大きな社会では、経済成長も期待できないことはすでに指摘したとおりである。

要するにこういうことだ。

低所得層を受益者にすれば、少ない予算で格差を是正できるので経済効率的だ。だが一方で、既得権益が目につくようになり、受益者批判や対立を激化させるという意味で社会的に非効率になる。しかもそれは租税抵抗という政治的非効率性をも引き起こして、再分配のための財源を縮小させる。財源が減れば、再分配の機能は弱まる。経済効率性への偏重が、結果的に本来の目的を困難にし、社会的・政治的な対立だけを残してしまうのだ。

助け合いが得になるメカニズム

これは重要な問題なので、さらに踏み込んで議論をしておきたい。

ここで、社会保障制度の普遍度の指標として、給付の均一性を定義しておこう。

これはブレイディらが提案した指標である。世帯が受け取る給付について、世帯間でばらつき

図3－9　給付の割合と給付の均一さ

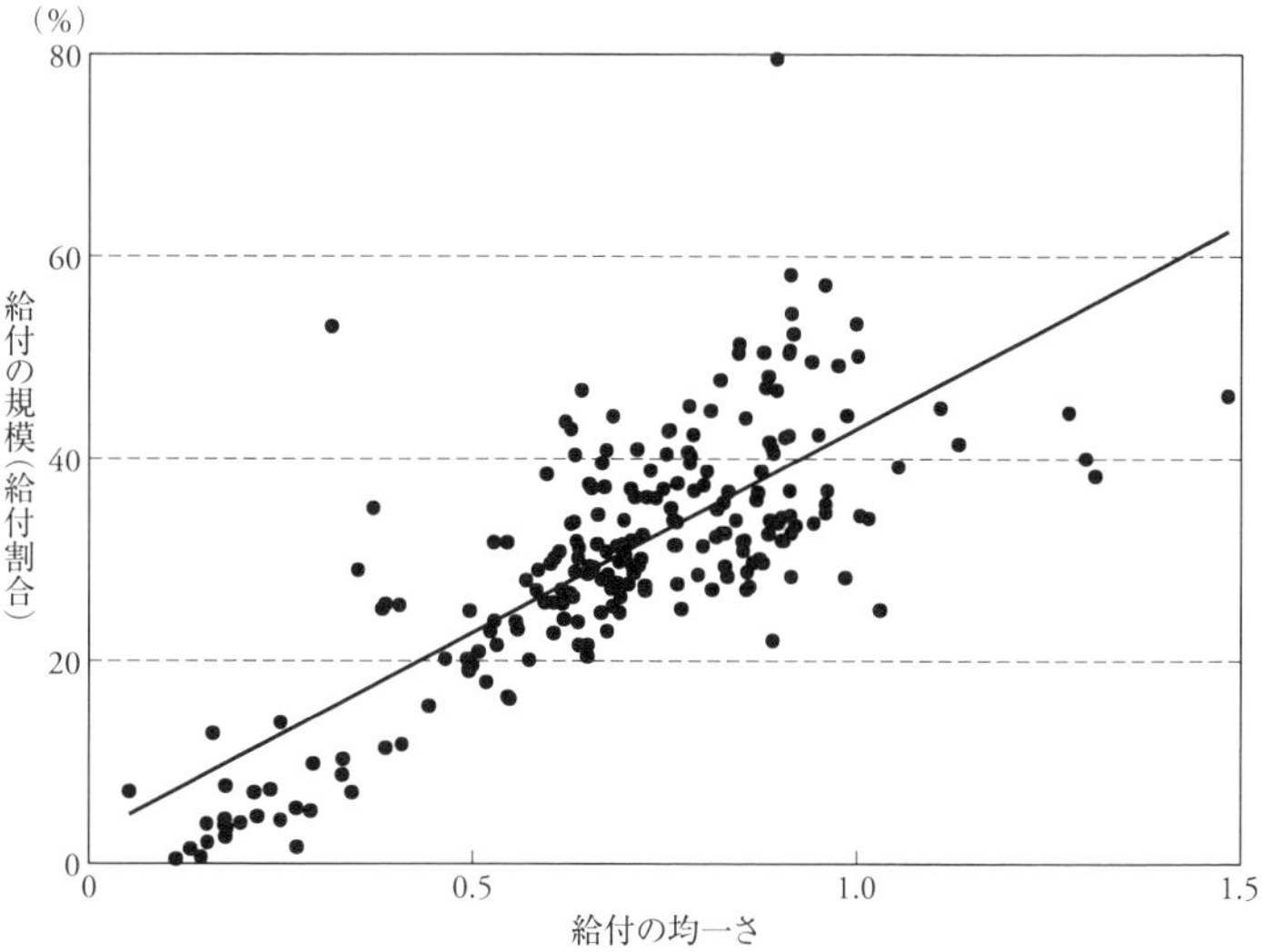

出所：Brady and Bostic(2015)の手法を用いて，LISより計算.
注：給付の規模は等価可処分所得に占める現金給付の割合の国内平均値．給付の均一さは，現金給付額の変動係数の逆数.

が小さいほど、給付は均一と言える。つまり、世帯が受け取る給付額に格差がないことを示している。公的な給付が均一であるほど、当該国家の社会保障制度は普遍的ということになる。

図3－9は、ルクセンブルク所得調査のデータから計算した、給付の規模と給付の均一性の関係を示している。

給付の均一性が大きいほど、給付の規模は大きくなる。これは、より多くの人びとに給付をすれば、それだけ予算は大きくなるという当たり前の事実だけでなく、給付の範囲が中間層を含めて広くなれば再分配のための予算規模がそれだけ大きくなることをも示している。

このメカニズムは重要だ。なぜなら、政府の公共サービスが中間層を含む広い階層におよんでいれば、階層を超えた相互利益が生まれることを意味するからだ。

中間層は、自分の利益を考えて、制度の維持・拡充を望むだろう。その結果、低所得層にも恩恵が行きわたり、受益者となるため、中低所得層の連携が強められながら、再分配政策の予算規模が拡大していく。[8]

興味深いのは、他の階層への支出を削減することが、自分の不利益にもつながることだ。広範な階層を対象とする制度は、支出削減への抵抗を生むし、たとえ削減が実施されたとしても、特定の階層を狙い撃ちにするような分断を引き起こす削減とはなりにくい。

このことは日本の財政を見ても理解できる。年金や医療といった社会保険は、人びとに共通のリスクをみんなでシェアする仕組みである。これが一度形成されてしまえば、財政緊縮期でも給付は容易には削減されない。

その代わり、社会保険制度からいったん排除されてしまうと、坂から転げ落ちるように人びとは生活難に陥ってしまう。そのうえ、彼らを対象とする救済策を実施しようとすると、「自分は働いて保険料を払ってきたのに」という不満の声を生んでしまう。

立ち止まって考えてみよう。保守的な思想をもつ人びとは「絆」という言葉をよく使う。一方、リベラルと呼ばれる人びとは「連帯」という表現をよく使う。だが、ここでいう「連帯」という言葉と「絆」という言葉は、結局、同じことを指すことが多い。

つながりを求める人間の「感情」を否定する必要はない。そうした感情が強制や押しつけを生むこともよく知られたことではあるが。

私たちが考えているのは、人間と人間が「絆」をもち、「連帯」することで得をするような仕組みである。それは、財政をつうじて利害を共有する関係を作り出すことで、「絆」や「連帯」の基礎にある社会の価値を育むということである。社会的・政治的効率性が人びとのつながりを生み、結果として経済的効率性も高まる社会、いわば「必要＝共存」型の社会をめざすということである。

未来への悲観は不要だ。誰もが求めるニーズを満たし、困難を社会の全員で支え合うという必要原理にもとづく制度設計を、人びとは支持する傾向にある。実際、給付規模が大きい国や、多くの人びとを対象にする制度を備えている国ほど、失業者対策や高齢者福祉、医療政策などを支持する割合が高い（Jordan, 2013）。

つまるところ、根本的な問題は、そのような社会があり得ることに多くの日本人が気づいていないということではないだろうか。そして、そのような思考を妨げる先入観がこの社会を支配しているのである。この先入観は、さまざまな角度から必要原理に対する反論を生み出すことだろう。この点は第四章であらためて検討することとしよう。

「救済型再分配」から「共存型再分配」へ

私たちの主張はこうである。救済型再分配に別れを告げ、誰もが受益者となる共存型再分配へと方向転換すべきであり、それには、「成長＝救済型モデル」から「必要＝共存型モデル」へと基本理念を転換しなければならない。成長する時だけ人びとを救済するのではなく、成長と再分配の好循環の実現をめざすべきだろう。

本当に格差を是正し、再分配政策を成功させたいのであれば、弱者救済を前提とする制度設計に別れを告げなければならない。だが、現金給付をすべての人びとに提供するには政治的な合意形成が難しい。

そもそも、現金給付によるニーズの充足は、市場によるサービス供給に依存する。そのため、現金給付のみでは、人びとの基礎的ニーズを保障できない場合が少なくない。

したがって、就学前教育にはじまり、高等教育、就労支援はもちろん、養老や介護、医療などの現物給付を中心として受益を強化し、中間層のニーズを多角的に充足していくことが、負担増への合意形成の近道ということになる。いくら弱者救済を叫んだところで、財源がなければその効果は微々たるものである。

増税をどうしても語らざるを得ない私たちの苦境には、歴史的な理由がある。とりわけ、ヨーロッパ諸国とちがって、戦後の成長期に自然に増加する税収を用いて人間の基礎的ニーズを満たし、社会全体の生活を防衛するという発想に乏しかったことが大きかった。

それは私たちが愚かだったからではない。東洋の奇跡とさえいわれたほどの経済成長がもたらす所得増大に、誰もが酔いしれていた。敗戦の苦しさから立ち上がるなかで、自分が働けば、家族は安心して生きていける、そう確信をもって生きてきたし、実際、社会はそのようにまわっていた。

ヨーロッパ諸国とちがって、私たちはこれから、成長が鈍化するなかで、生活の基盤を強化しなければならない。経済成長による税収増が見込めない私たちは、増税を抜きにして、よりよい社会を構想することは難しい。ここに日本の政治の苦しさがある。

戦後、ヨーロッパでは、戦争の苦しみを乗り越え、多かれ少なかれ普遍性を意識しながら、低所得層への給付を増加させる政策を採用してきた。私たちは今の日本財政を前提としながら、さまざまな政策を組み合わせていかなければならない。

たとえば、就学前教育を例にとるなら、何らかの困難に直面している世帯に集中して政策介入をおこなうのではなく、普遍主義の立場から、就学前教育にかかわる必要を満たすべく、制度の拡充をはかるのである。選別主義的なアプローチでは、問題が明らかにならない限り、公的な救済は期待できないし、明らかになってからではもう遅い。

まずは基礎的ニーズを満たす。そのうえで、もっとも恵まれない子どもたちがその他の裕福な家庭の子どもたちと対等に競争できるようにすべく、追加的支援をおこなっていく。これが手順であろう（エスピン＝アンデルセン二〇一一）。

ここで第一章での議論を思い起こしてほしい。私たちは、給付対象の選び方次第では、利用者に「失格者の烙印」を押すことになりかねないと警鐘をならした。制度にしたがって安易に人びとの選別をおこなえば、「誰が救済に値するのか」という厄介な議論を再燃させてしまう、と。

私たちははっきりとこう言うべきだ。良質な就学前教育をすべての子どもに提供する政策であれば、その利益はあらゆる人びとにおよぶ、と。そのような政策は、出生時の「運」によって、子どもの将来が左右されてはならないという、断固とした意思表明なのだ、と。

人間の基礎的ニーズという視点に立つ限り、その対象は、あらゆる現物給付へと拡大されなければならない。どんな人であれ、病におそわれ、歳をとり、介護が必要になる。どんな人であれ、怪我をし、障害をもつリスクを抱えている。これらのニーズを自分自身で満たすのか、社会全体で満たすのか、いずれかを私たちは決断しなければならないのである。

深澤義旻《よしゆき》という詩人は『にんげんのうた』のなかでこう詠っている。[9]

自分を大切にすることが
同時に人を大切にすることになる生きかたを
なんとしてでも見つけ出し、
作り出さねばならぬのだ

それは、人間にだけできるのだ
それが、人間の権利であり、義務なのだ

自分の利益を増やすことが、誰かの利益を増やすことにつながる。見知らぬ誰かの利益を考えることが、自分の利益へとつながる。人間の原点ともいうべきこの発想を財政の制度に当てはめることができれば、人間の尊厳は維持され、誰もが安心して生きていくことができるようになるだろう。

民主主義への支持が「制度への信頼」を高める

むろん、サービスを拡大すれば、負担は増大する。各国の総税収と給付の均一性の関係を示す図3－10を見てみよう。

この図は、必要原理にもとづく普遍主義を重んじる国は、豊富な税収を確保しているという単純な事実を示している。だが、その含意はより豊かなものだ。

多くの人を対象にする再分配政策には、それなりの負担増が必要になるが、ほとんど受益がないなかで人びとが重たい税負担に応じるほど、人間は慈愛の精神に満ちてはいない。広範な人びとに受益感があるからこそ、幅広く課税をおこなっても政治的な合意が整ったのである。豊かな税収の背後には、幅広い受益が存在している。

図3-10　総税収（対GDP比）と給付の普遍度の関係

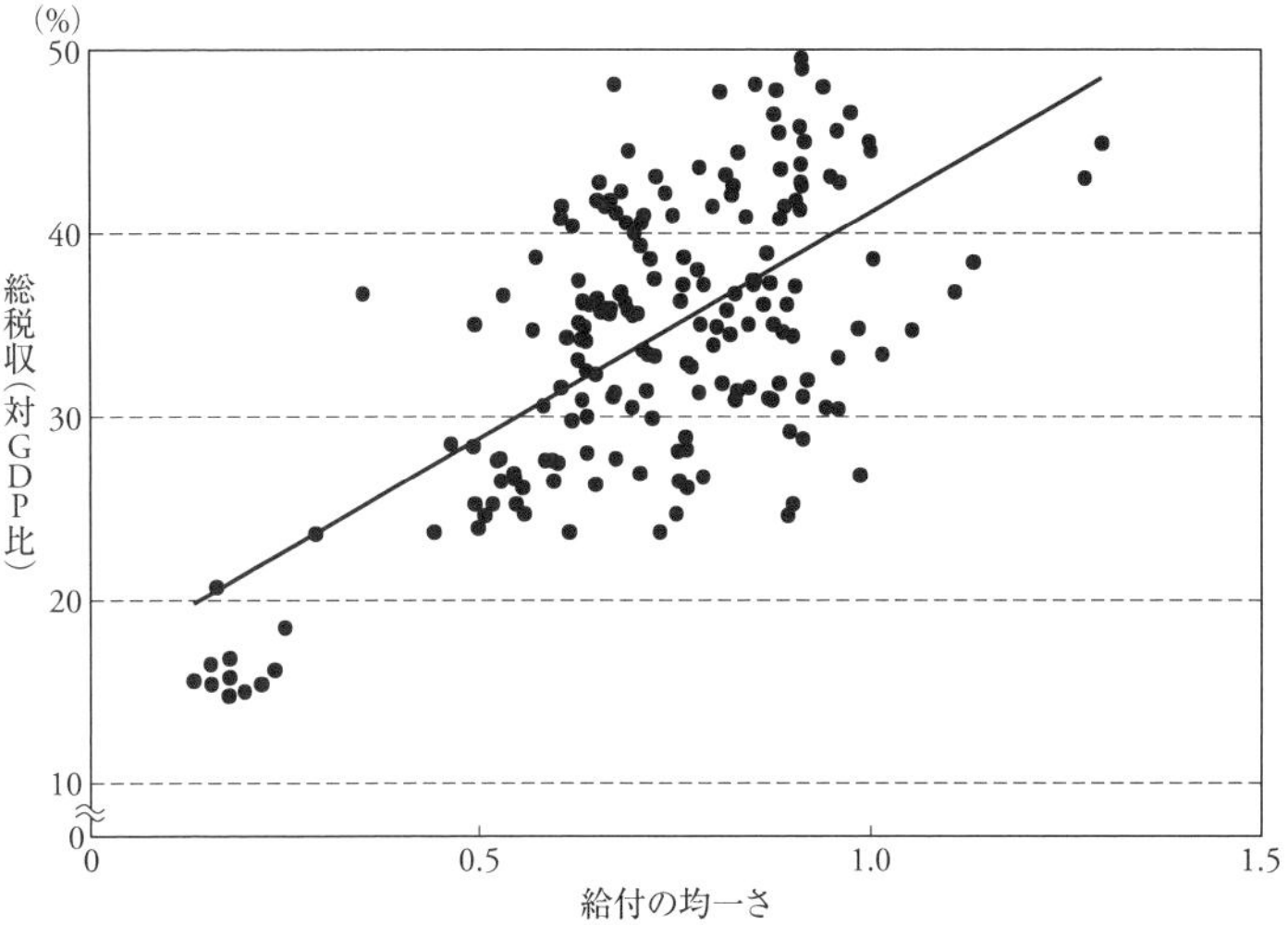

出所：総税収はOECD.statより．給付の均一さは図3-9と同様．
注：総税収には社会保障負担を含む．

つい最近まで日本では、現役世代や子育て世帯を対象とする政策は推進されてこなかった。これでは、現役世代や働く人びとを含む広い層への課税を正当化できない。機会の平等も結果の平等も保障できず、わずかな財源を低所得層にのみ与える、そんな再分配政策を誰が支持するだろう。そんな政府を誰が信頼するだろう。私たちが政府に不信感を抱くことには何の不思議もないのだ[10]。

第一章でも議論したように、経済格差を放置すればするほど、再分配政策への合意形成が難しくなっていく。そして格差の拡大は新たな問題を生む。

図3－11が示すように、経済格差の大きさと社会的信頼には負の相関関係

図3-11　社会的信頼とジニ係数の関係

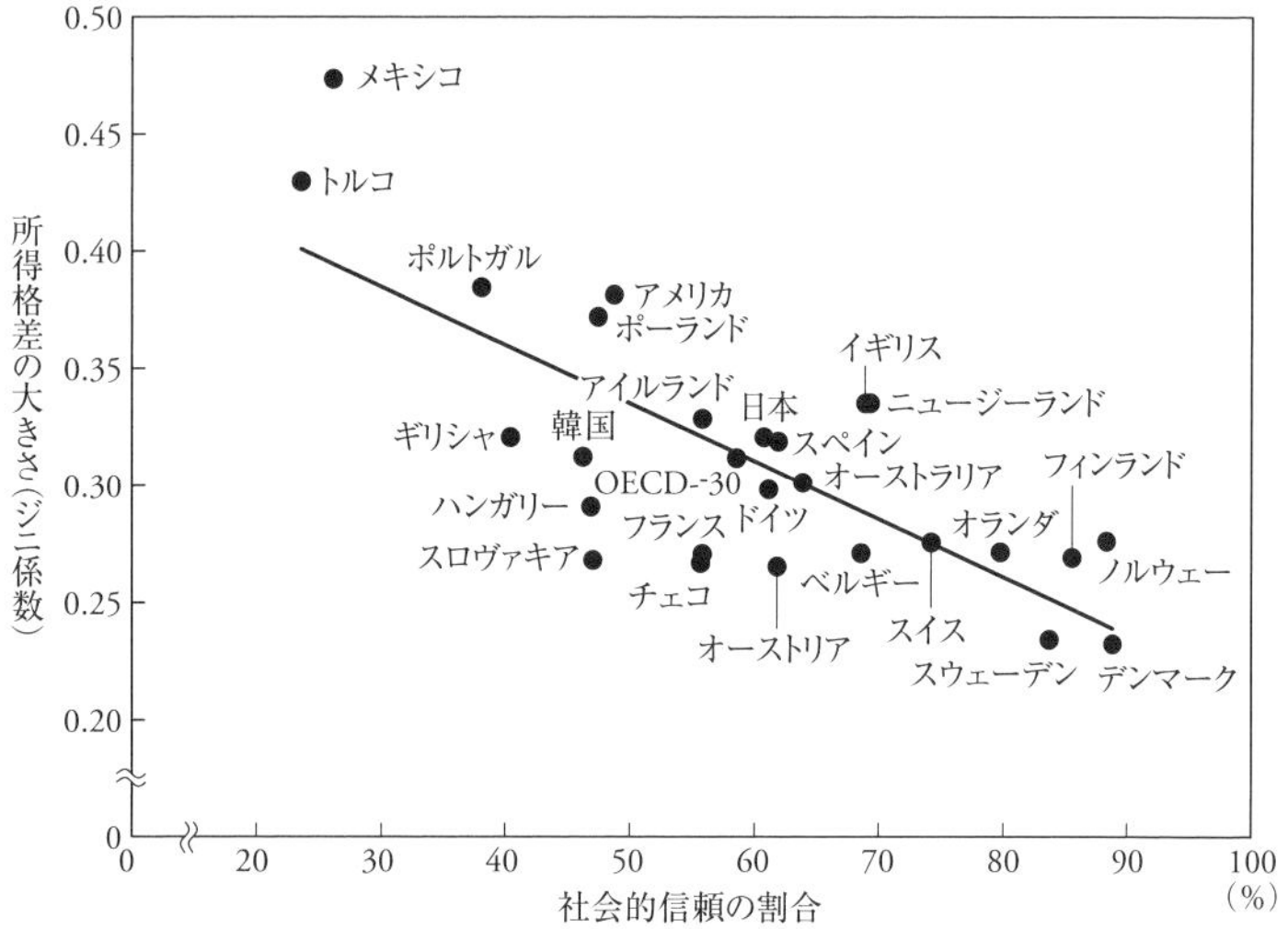

出所：OECD（2011）, *Society at a Glance 2011:OECD Social Indicators*, OECD Publishing, Paris.

注1：「社会的信頼」は「一般的に，あなたは，たいていの人を信頼することができますか，それとも人と接する際にとても慎重である必要がありますか」という質問に対して，「常に信頼することができる」または「おおむね信頼することができる」という趣旨の回答をした人の割合を指している.

注2：ジニ係数は2000年代半ば，社会的信頼は2007年または2008年のデータである.

がある。すなわち、経済格差の是正に失敗すれば、中長期的には社会的信頼も破壊されてしまうかもしれないのである（Rothstein & Uslaner, 2005）。

人間不信は、社会不信を生むだろう。不信が渦巻く社会で理念を転換せずに合意できる政策は、分断型の政策しかない。他者を信じていない人が、社会的弱者に対して寛容であるはずがない。政府を信じない人が納税に応じるはずもない。苦労して手に入れた財政上の利益がいつ奪われるのかとビクビクし、他者の既得権益をあげつらう、そんな政治、そんな社会が出現するにちがいない。

ここで注意しておきたいのは、経済格差と社会的信頼の関係については、いっそう慎重な検討を要するということだ。

社会的信頼が高い国では経済格差が小さいという事実を明らかにした国際比較研究は、数多く存在する。ところが、一国内では時代が推移することで、経済格差と社会的信頼との間にこのような関係が見いだせなくなってしまう。たとえば、アメリカのデータを用いた研究では、国内の経済格差の変動が、必ずしも社会的信頼の変動を引き起こすとは限らないことが報告されている（Fairbrother & Martin, 2013）。

これを完全に説明することは難しいが、デンマークのデータを用いた研究は、私たちに有益なヒントを与えてくれる（Sønderskov & Dinesen, 2014）。

この研究によれば、一九八〇年段階では、デンマークとアメリカの社会的信頼度はほぼ同じだったが、その後、前者における社会的信頼が上昇し、後者のそれは低下していった。社会的信頼が高まったということは、他者への不信感をもたない世代が増加したことを示唆している。実際、デンマークでは、社会的信頼の上昇は、教育による影響と、制度への信頼によるところが大きかったし、教育が他者に対する信頼を高めることは、先のOECDの調査でも指摘されている。

議会や司法、警察、公的部門といった「制度への信頼」は、制度改正によって高められる余地がある。また、第一章でも指摘したが、格差が拡大することで再分配政策への支持が掘り崩され、必要な制度改正がなかなか実現しない可能性もある。その結果、制度への不信感が醸成され、それが社会的信頼を損ねてしまうことも考えられる。

民主主義への支持は、制度改正をあと押しし、「制度への信頼」を高める。ＯＥＣＤスタッフらによる研究によれば、納税意識を高める要因として効果が大きいのは、第一に民主主義への支持で、第二に政府への信頼であった（Daude, Gutiérrez & Melguizo, 2013）。

政府は税金を公正に用いてはいないとか、適切に税を徴収してはいないと感じられるとき、私たちは、納税に正当性を感じなくなる。

政府への不信は脱税を生むかもしれないが、それ以上に問題なのは、政府のよりよい政策にさえ人びとが抵抗を示すかもしれないことだ。実際、この論文では、「納税意欲」と「政府への信頼」の間には、緩やかな正の相関関係があり、納税意欲の高い国では、政府への信頼が高いことが確認されている。

いかなる改革も、人びとの政府に対する支持、民主主義に対する支持がなければ達成できない。その意味で、日本はいま重大な岐路に立たされている。

ＩＳＳＰやＷＶＳを見るとわかるように、日本人の社会的信頼度はそれほど高くはない。[11] また、金融危機後、そして東日本大震災以降に金銭的支援をおこなったと答えた人の割合は増加したが、中央政府への信頼度は低下している（ＯＥＣＤ二〇一五）。この社会に蔓延する閉塞感は、私たちのこうした心理状況と密接に関連しているのではないか。

必要原理は、社会的信頼を醸成するうえで決定的に重要である。というのも、人間の基礎的ニーズという観点から、現物給付の拡充が重視されるからである。

現物給付は、現金給付とちがって、不正受給の可能性が低い。普遍主義による現物給付は、所得審査や資産審査をおこなわない。恣意的なルールで好き勝手に受益者を決められないということは、政府への不信感をやわらげる。何より、自分も受益者となるので、中間層は低所得層を疑う必要がなくなるし、彼らを信頼することが自らの利益につながる。[12]

図３－11は、格差の小ささと強い信頼感との相関関係を示しているが、「必要＝共存型モデル」は、中低所得層の新たな関係を作り出し、格差を縮め、租税抵抗を緩和し、信頼を育む可能性をもつ。必要原理にもとづく普遍主義的な制度設計によって、人間の基礎的ニーズを満たす社会。その実現に向けた一歩を踏み出せるかどうか。いま、日本人に求められているのは、そのための議論であり、決断なのである。

1――公的債務残高の増加分に注目した分析をおこなってみても、両者に正の相関関係はない（前田二〇一四）。

2――これはあくまでも仮定であり、租税制度の構造や規模が経済成長率に与える影響については慎重に評価しなければならない。オストリーらのほか、後述するＯＥＣＤの報告書も、このシナリオをあまり重視していない。

3――http://www.oecd.org/els/soc/Focus-Inequality-and-Growth-JPN-2014.pdf. ここで参照しているのは、二〇一四年一二月にＯＥＣＤが公表した分析結果の要約である。元の論文は Cingano（2014）であり、その後、OECD（2015）として公表された。

4――ただし、雇用誘発係数については、労働供給面で人材確保が間に合わない場合や需要面を勘案して人員増の必要性がない場合は、期待通りの誘発効果が実現しないことに留意しなければならない。
5――https://www.nri.com/~/media/PDF/jp/news/2014/141118.pdf
6――以下の女性の就労に関する記述は、主に筒井（二〇一五）に依拠している。
7――ここでは統計上の制約から現金給付しか取りあげることができない。あくまで格差是正の原理に限定して議論をしているからだが、現物給付についても同じことがいえる。現物給付が格差是正に効果を発揮する点は図3－4に示したとおりである。現物給付のひとつである就学前教育に関する諸論点については、大岡（二〇一四）が包括的に検討している。
8――LISのミクロデータを用いた分析では、給付の規模、給付の普遍度、低所得へのターゲティングの各指標すべてが、相対的貧困率の引き下げに寄与していることが示されている（Brady & Bostic, 2015）
9――『にんげんのうた』については、筆者の一人である井手英策が、広島県福山市に在住の北村敏行氏から教えていただいた。ここに謝意を示したい。
10――あるべき税制の姿については第四章の第二節を参照されたい。
11――日本人の社会的信頼度は全体の平均値近辺であるが、先進国の中では低い水準にある。また、WVSを見ると、個別の信頼、すなわち、「家族」、「近所の人」、「個人的な知り合い」に対する日本人の信頼度は非常に低い。
12――必要原理にもとづく普遍主義アプローチが社会的信頼を強化するという分析は数多く存在する（井手二〇一三）。

第四章

来るべき時代の胎動

給付が低所得層や地方部など特定の階層・地域に集中する選別性、自助努力と自己負担が前提となる自己責任性、世代間の対立を生み出す限定性、いずれも、「勤労」を当然のものとみなし、働くことのできない一部の人たちに「救済」の対象をしぼり込むことで、労働に勤しむ人たちの租税負担を軽減することをねらった「勤労国家レジーム」の名残である。

この三つの性質はそれぞれ複雑にからまり合いながら、「再分配の罠」、「自己責任の罠」、「必要ギャップの罠」を日本社会にもたらし、言い知れぬ閉塞感を人びとに与えてきた。

日本社会は、太平洋戦争の敗北とともに、生存・生活の危機に直面した。戦時期の重い税負担を緩和しようとしたこと、アメリカ政府やGHQの指導のもとで小さな政府が賞揚され、財政的な介入を最小化しようとしたことは、やむを得ない選択だったかもしれない。

だが、そこでできあがった勤労国家レジームは一九九〇年代末に機能を停止し、それどころか巨大な借金を残して、社会の分断をあと押しするようにさえなってしまった。

減税は実行不能となり、公共投資も難しくなった。にもかかわらず、旧態依然たる財政理念、すなわち「成長＝救済型モデル」は私たちの思考をしばり続けている。

私たちが提唱する「必要原理」は、救済型の再分配とはまったく別のものである。「人間に共通する利益」に着目し、幅広い受給者のニーズを満たしていく。私たちがこの原理を提唱するのは、勤労国家レジームの急所を克服し、社会の対立点を解消するためであり、勤労と成長を前提とし、選別主義のもとで弱者を救済してきたこれまでの歴史に別れを告げるためである。

私たちが「成長＝救済型モデル」に取って代えようとしているのは、「必要＝共存型モデル」である。

中間層を受益者とすることで「再分配の罠」を乗り越える。自己負担ではなく社会でリスクを共有し合うことで「自己責任の罠」から脱出する。人間の生活に必要なサービスをライフスタイルに応じてバランスよく配分することで「必要ギャップの罠」を解消する。「誰かの利益」を「みんなの利益」に置き換え、これらを束ねた結果として経済成長や財政再建を実現する。

私たちの提案は、何か革命的な方法によって、社会をドラマティックに変えようとするものではない。もっと簡単な話だ。必要原理を起点として、少しずつ受益者の範囲を拡大し、人間と人間が対立する原因を消失させ、分断社会そのものを終わらせようというものだ。

私たちに残された課題は、これらの理念の実現可能性を示すことである。以下では、必要原理に支えられた共感・共存の社会をモチーフに、私たちのイメージする日本の姿に具体的な肉づけをおこなっていきたい。

1　民主党政権の失敗に何を学ぶか

危機のただ中で胚胎する希望

人間と人間が結びつきあえるのであれば、保守の好きな「絆」でも、リベラルの好きな「連帯」でもよい。細かなちがいを抜きにすれば、両者は同じ方向を向いている。

だが反対に、もし人間と人間が何らかの価値を共有できず、共に生きることに意義を見いだせないとするならば、社会は人間という名の動物の群れへと堕落する。それは何があっても避けなければならない。だからこそ、絆や連帯が傷んでしまった私たちの社会の未来、いわば「社会が社会であるための条件」について私たちは考えてきた。

社会が正しい意味で成り立ちえないとするならば、人びとは他者のために税を納めることも、弱者も含めた社会全体の困難に想いを馳せることもないだろう。そうなれば、当然、財政は危殆《きたい》に陥るし、私たちの社会に未来はない。財政の危機は社会の危機を意味している。

だが絶望するのはまだ早い。なぜなら、人類の歴史が私たちに語りかけるように、人間は生存や生活の危機に直面するときこそ個別の利害を超えて新しい「関係」を切り結んだり、それまでとは異なるシステムを作り上げたりしてきたからだ。

縄文時代の日本では、平均寿命が三〇歳余と短かったことからも想像できるように、その生活は自然の厳しさに圧倒されていた。なんとか生きのびるという切迫した必要、この絶対的な条件のもと、人びとの間には身分や階級のちがいはなく、病気や身体的な障害をもつ人たちでさえ協働のためのメンバーとして扱われていた（網野一九九七）。

国家が戦争を作り、戦争が国家を作る。このことを鋭く見抜いたのが政治学者チャールズ・ティリーである。一七、一八世紀のヨーロッパでは戦争が頻発し、人びとは生存の危機に直面した。一六世紀の後半には四八回だった戦争が、一七世紀には二三五回に急増し、一八世紀には七八五回に達した（Wright 1965）。

軍隊は、臨時に雇われる傭兵から常備軍へと変化した。これに宮廷のムダ遣いや行政機構の巨大化がくわわった。ひたすら増加し続ける費用をまかなうために租税負担が増大し、その負担の大きさは人びとの抵抗を生み、各国では革命さえ起きた。この激動の時代に生まれたのが、議会が金銭の出納を管理する仕組み、すなわち予算制度であった。

一八世紀の後半、江戸時代の日本人も、人口の停滞に直面した。当時、藩は御救《おすくい》と呼ばれる弱者救済のための施策を実施していたが、財政が厳しくなるなかで、御救の機能を各村の庄屋たちに委ねるようになっていった。見返りとして彼らは苗字と刀をもつことを認められたが、村落は行政の末端に組み込まれていった。公と私の再編が進んだのである（山崎二〇〇七）。

北欧モデルの代表、スウェーデンを見てみよう。同国は、一九世紀の終わりから二〇世紀初頭にかけて人口減少の危機を経験した。一八七〇年の人口は四一七万人であったが、一九世紀後半から二〇世紀の初頭にかけて一〇〇万人を超える人びとがアメリカに移住した。さらに、大恐慌期には、人口維持が困難な二・〇七へと合計特殊出生率が落ち込んだ。

この停滞の時代に、貧しい母子家庭への支援や児童手当など、今日のスウェーデンの社会福祉の基礎となる社会保障制度が提唱された。時には「希望の島」とさえ言われる福祉国家スウェーデンも社会的危機の産物だったのである。

歴史が私たちに語りかけるのは、生存や生活の危機こそが人間のつながりを「必然化」するということ、そのなかから新しい秩序の萌芽が生まれるということである。そして、これらの危機のあとには必ずといってよいほど、人口の増大期が訪れ、新しい秩序が開花する。危機の時代にこそ希望の曙光が宿っている。

これまで各章で論じてきたように、いま、日本社会はさまざまな困難に直面している。とりわけ、国連の推計にもあるように、二一世紀の半ば以降、中国やインド、アフリカも含めて世界中で人口成長率が急減し、思い通りに経済を成長させられない時代、経済の時代の終焉ともいうべき局面がやって来る。

「縮減の世紀」に私たちが語るべきは絶望ではない。成長という見果てぬ夢に寄りかかる楽観論でもない。私たち日本人が危機に直面しながらも、来るべき未来のために、どのような社会モデルを構想できるのか、その展望である。

社会保障・税一体改革の教訓

一冊の本を読むのは大変な作業だ。ここまで付き合ってくれた読者がいるとすれば、それは私たち三人の議論になんらかの関心をもってくれたからに違いない。

そんな読者とともに、私たちの構想が夢物語とならないように、現実の世界のなかに、「必要原理にもとづく社会」を予感させるどんな動きがあるのか見ていきたい。

身近な出来事から教訓を引き出すことは大切な作業である。まずは民主党政権期の財政運営に焦点をあわせてみよう。

民主党政権の施策には、さまざまな批判がいまだに寄せられている。実際、二〇〇九年総選挙時のマニフェストには、財源が明示されないなかで、総花的に支出増加策が並べたてられた。リーマン危機のあとには後遺症に苦しみ、東日本大震災という歴史的な災害もあり、それらへの対応も評価が分かれている。

だが、それらを踏まえてもなお、私たちは、自民党、公明党と議論を重ねながら、消費税の増税を実現させた事実に注目したいと思う。

この増税は、一九八一年以来の基幹税の純増税である。しかも、延期されはしたものの、予定された五％の税率引きあげは、ヨーロッパ諸国でさえ滅多にお目にかかれない大増税であった。

日本人の租税負担率は先進国のなかでもっとも低いグループに入る。八%への消費増税をもってしても、OECDの平均値にさえおよばない。ところが、そんな低い租税負担率なのに、ISSPのデータによると、中間層の税負担にかんして、北欧の人びとよりも日本人の方が重たいと感じている(井手二〇一三)。

このような状況のもとで実現された大増税から、私たちは何を学ぶことができるだろう。

社会保障・税一体改革が日本の財政の歴史のなかでユニークだったのは、増税とセットで社会保障のサービス拡充の道筋が示された点にある。受益と負担のバランスを取るという、ヨーロッパであればさほど珍しくない光景であるが、日本ではおそらく財政史上はじめての経験だった。

しかし民主党は大きな失敗も犯した。それは増税の使途が決まるプロセスがわかりにくく、かつ、受益と負担のバランスがあまりにも不釣り合いだったことである。

まず、五%の増税のうち社会保障の拡充にあてられたのは一%であり、残りの四%は借金の返済にあてられた。受益の五倍の税を取られるというこの配分の仕方が負担感・収奪感をともなうものだったことはまちがいない。

だが、問題はこれで終わらない。二〇一四年度の三%増税によって初年度五兆円の税収増が見込まれたが、そのうち社会保障の拡充にあてられたのはわずか五〇〇〇億円であった。受益の一〇倍の負担。これでは再増税に納税者が反対するのも仕方のないことだ。

さらには、社会保障の拡充は当初、高齢者三経費とよばれる年金・医療・介護に限定されていた。どうみても世代間の対立を悪化させる振り分けである。

最終的にはあわてて子育てが加えられたが、それとても費用の配分は一〇%への増税時で〇・七兆円、これに対して高齢者三経費は二・一兆円というアンバランスさであった。必要ギャップの罠を回避するためには、世代間でバランスのとれた給付をおこなわねばならない。だが、実際にはこれと逆に動いていたのである。

事実を列挙するだけでも、問題含みであることは明らかだ。だが最大の問題は、これらの事実に納税者の多くが気づかないまま漠然と痛税感を抱いていること、予算配分の決定が私たちのあずかり知らないところでおこなわれたことである。

民主主義の機能不全

素朴な疑問がうかぶ。なぜ増税分の八割ものお金が借金の返済に向けられたのだろう。

ひとつの予想される答えは「つなぎ国債」である。つなぎ国債とは、将来の増税財源を見込んで発行される国債のことである。これまで国が負担することとなっている基礎年金のうちの二分の一は、この国債によってまかなわれてきた。ゆえに、消費税の増税によって得られた税収は、真っ先にこの借金の返済にあてるべきだというのが、ひとつの説明である。

だが、本当にそうだろうか。この国債は、年金特別会計で発行されたものではなく、年金の国庫負担以外の支出も含めた一般会計のつなぎ国債である。それにマーケットでは、普通の国債もつなぎ国債も区別できないのに、つなぎ国債の借金を優先的に返すというのはリアリティにかける。消費税の増収をまず年金の国庫負担分にあてなければならない絶対的な理由はないのだ。

消費税収が年金の借金減らしに優先してあてられたことは、玉突き的に初年度の社会保障充実分の余地を小さくし、サービスの拡充も五〇〇〇億円にとどめられることとなった。財政再建を優先させる論理が受益を損ね、痛税感を生み、さらなる増税を妨げたという構図だ。

もうひとつの予想される答えは、第三章で見た軽減税率と関係している。

与党提出資料を見ると、低所得層対策としての軽減税率にはいくつかのバリエーションがある。生鮮食品と加工食品の五％増税を避けると、約二兆円程度の税収が減る。この額は消費税を一％引きあげた時の増収額とほぼ等しい。政府の立場からは、理屈の問題ではなく、この減収分以上に社会保障を拡充させることに抵抗があったのかもしれない。

ここで私たちが「予想される」と言っていることに注意してほしい。私たちの知る限り、五％の増税の使い道がなぜこうなったのかをきちんと説明できる人はいないし、学者である私たちにもわからないのだ。知らず知らずのうちに痛税感だけが残されるという民主主義のありよう、あえていえば民主主義の機能不全は絶対に見逃すことのできない問題である。制度が複雑だから、難しいからと、言いわけをしている場合ではない。

このように、増税をめぐるプロセスは、問題に満ちたものであった。だが、それでもなお、歴史的に困難をきわめた増税を、しかも消費税五％という大規模な増税を民主党政権が実現できたことの意味は考えなければならない。

成功の理由はいろいろあるだろう。私たちの「必要原理」の観点から見て決定的だったのは、「これだけのサービスを拡充するために、これだけの財源が必要である」と、受益と負担の関係を明示した点である。痛税感や租税抵抗の強い日本にあって、この手法は今後も採用される可能性が高い。もし、それ以外の方法があるとすれば、財政破綻を叫び散らす恫喝だけだろう。

一体改革における増税は、基礎的ニーズと税の関係を問うたという意味で、「必要原理」にもとづく制度設計に近づくための重要な一歩だった。と同時に、増税の使い道を決定する際に、どのような比率で、どのような目的のために財源が用いられるのか、納税者がきちんと議論を追跡し、ときには批判をおこなう姿勢をもてるかという、重要な教訓を私たちに遺したのである。

型にはめたがる日本人

受益と負担のバランスを重視し、増税の使い道をきちんと検証できるかどうか、民主主義の機能不全を改善するうえで、これは大切な論点である。さらにもう一歩踏み込んでこの論点を考えてみると、日本の文化が作り出した「形式的平等主義」の問題にでくわす。

増収の費用配分について指摘したが、よく見てみると、全四経費の四分の一が子育てにまわり、医療と介護で一・五兆円、年金の改善で〇・六兆円と、ほぼ均等に割られていることに気づく。

何が必要かを考えるのでも、議論するのでもなく、お互いがけんかをしないように「平等」に財源を配分している様子、総額重視の発想の一端がうかがえる。これでは受益と負担のバランスを取ろうと思っても、何が人びとのニーズなのかを知ることさえ難しい。
元大蔵事務次官の長岡實は「シーリング予算」を活用した背景について次のように語る。

「これはもう、日本人の国民性といっていいかもしれませんが、『皆で渡れば怖くない』の逆で、『皆がガマンするならしかたがない』ということになる。ところが、個別になにかの予算をヤリ玉にあげて抑制するとなると、『なんでオレだけやられるんだ』と猛烈な抵抗を生むんです」

「個別にヤリ玉にあげて戦争するのはやめようといって、それより総枠を締めつけて、狭くした土俵の上で相撲をとらせることで、どれかが土俵の外にはみ出さない限り予算が組めないようにする方式をとることにしました。」（安藤一九八七、一六八－一六九頁）。

誰かが減らされるのなら自分が減らされても仕方がないという発想、納税者の必要に応じて配分するのではなく、形式的に同じだけ配り、削るという考え方、それは大蔵省に伝統的な思考形式であり、その背景にあったのが日本人の価値観・公平観だった。
「中身」よりも「総額」を重視する考え方は、本来的な民主主義を機能させるうえで大きな障害となる。そしてこの障害は、長岡の回顧する一九七八年から現在にまで通底するものであると同時に、長岡が政策にかかわるずっと以前から私たちの社会に存在し続けた価値のあらわれでもあった。

　近世以来、日本人は集落をひとつの単位として生業《なりわい》を立ててきた。水田耕作が広く普及する一方、アジアの米作地域とは異なり、熱帯モンスーン気候でない日本では、水の確保が死活問題だった。水の利用権、すなわち水利権をめぐって集落と集落はまさに血みどろの争いを繰り広げてきた（渡辺二〇一四）。

　その名残のある日本の農村では、戦前から集落単位で共有財産をもち、時には多額の寄付を出し合って、集落ごとに学校などの施設を競って建設してきた。集落と集落の間に張りめぐらされた垣根は、両者の利害対立を生み出す源泉であった。

　日本社会が本来的にもっていたこのような「分断性」は、ひとつには租税への合意を難しくした。集落の内部では、祭りなどの行事や施設の整備・維持管理のためにお金を出し合ってきたが、よそ者のためにお金を払うことは感情的に受け入れられなかったからだ。戦前の地方財政に占める寄付金の大きさは、これを雄弁に物語っている。

　集落間の対立は、いまひとつには、「人間に共通する利益」よりも「私たち仲間の利害」を優先する財政を作り出した。

　ある特定の「地域の利益」がその「構成員全体の利益」として理解されるには、個別利害を抑圧しつつ、その事業が「公」的な利益であることを承認するシステムが必要になる（松沢二〇〇九）。このメカニズムの生成期は明治であるが、一度「公益性」が確保されると、今度は、公益性と公益性の衝突が生じるようになる。

たとえば、ある集落に道路や郵便局、公民館、農協などができれば、すぐ隣の集落にも同様のものを作らないと集落間の対立は深まるだろう。戦前の政友会政治や戦後の族議員政治を見ればわかるように、この対立の調整のために、総花的に、「個別」の利害関係者に「平等」に利益をばらまいていくことが求められていった。成長を前提とするバラマキの基礎には日本人の公平観があったのである。

こうした集落間の対立の裏側の問題として、集落の内部でも同質性や協調性が重視されたという点も見逃せない。それらは族議員政治に代表される、官僚・政治家・利益団体の強力な結合関係を育んだし、官僚や利益団体の内部にもセクショナリズムが作り出された。

このような日本社会の性格を反映するかのように、長岡が重視した横並び予算の原型は、一九三〇年代にすでに見いだすことができる。当時は協調予算と呼ばれたが、予算の総額を削減するために各省庁が同調を求められ、対前年度比伸び率ゼロという予算を実現したのである（井手二〇〇六）。長岡が強化したシーリング予算、それをうながした彼の日本人観、いずれも戦前から続く日本社会の特徴を色濃く反映したものだったのである。

このように広く人間や社会の利益を考えるのではなく、個別の、あるいは地域的利益を追求し、その間のバランスをとりつつ総額を抑えるために、外部から予算を型にはめ込んでいくという手法は、日本の歴史や文化にまでさかのぼって検討すべき課題である。

第二章で見た総額重視型の予算は、こうした日本人の性質と深く結びついたものだった。だが、それによって、人間のニーズに応じて資源を配分することが難しくなり、形式的な平等が重んじられ、画一的な予算編成を実施せざるをえなくなった。このことは、納税者の財政的な要求と実際の予算とのミスマッチを生み、納税への合意を難しくしたのである。

民主党政権のもとで実施された中期財政フレームや基礎的財政収支の黒字化という数値目標も、この限界を突破するものではなかった。「コンクリートから人へ」というメッセージも、社会保障の拡充を限定し、自然増経費のために限られた予算の中身をどう「再配分」するかを問うものだったという意味で、戦後の日本財政の限界を越えられなかったのである。

民主党が増税を実現したことの意味は大きかった。だが、受益と負担をめぐる不透明な議論がまかり通った背景には、日本的な「ものの決め方」が自分たちの痛税感を強めずにはおかないという、複雑で解決が難しい、文化的とさえ言いうる問題があったのである。

2 何が転換を妨げるのか?

財政が厳しいから支出も難しい?

個別の利害を重視せざるを得ない分断社会の土壌、噴出する政治的要求を抑え込むために予算の総額にしばりをかけてきたこれまでの経緯、これらを知っておくのは大切なことである。日本の歴史的な背景を知らずにただ理想を語るだけでは、人びとの共感を呼ぶことはできないだろう。だが、いまやその社会の土壌それじたいが急速に変化しつつある。この変化の兆しについては、次の節で詳しく見ていく。ここでは、その前段の予備作業として、読者が抱くと思われる「必要原理」についての誤解を解き、「必要=共存型モデル」の可能性をよりよく理解してもらうための、地ならしをしておきたい。

まず、私たちの議論に対して真っ先にあがる批判は、「必要原理」にもとづく広範なサービス給付は、大きな政府を不可避とするから、財政事情が厳しい日本では、そもそも実現が不可能だ、という批判であろう。

この批判は恫喝に慣らされてきたこれまでの日本人の情感に訴えかける。だが、私たちは二つの側面からこれに反論しておきたい。

ひとつは租税抵抗の問題と関わっている。

日本の財政赤字の原因が過大な支出ではなく、過小な税収入にあることはだいぶ理解されてきたように思う（井手二〇一三）。この租税抵抗を生み出しているのが、第三章で指摘した受益の乏しさである。何がムダかではなく、なぜ増税が難しいかを私たちは考えるべきだが、残念ながら、問いを間違い続けてきたのがこの二〇年の財政の歴史であった。

ここで、図3－1、3－2、3－10をそれぞれもう一度見てほしい。

政府の大小は政府債務の大小とは関係がない。むしろ、「大きな政府だが政府債務は少ない」という事例は数多くある。また、中間層も含めた広い層を受益者としている国は、豊富な税収を確保している。これらを総合的に判断すれば、ただ単に政府を大きくするだけではなく、受益者の範囲を拡大しながら租税抵抗を緩和していくことが財政再建には必要だということがわかる。

増税を訴える人びとは、ほぼ間違いなく、何の疑いもなく財政再建は正しいものと考えている。財政健全化の重要性は私たちも認めている。だが、それを目的とした増税や、狙い撃ちでおこなう支出削減が租税抵抗を強める可能性を、きちんと理解することが大切である。

「必要原理」の目的は、納税者のニーズを広く満たし、生活の保障、信頼の強化を実現することである。その結果として、受益感を背景に納税への合意が整い、財政再建が実現する。

この見かたからすれば、財政再建のために人間の生活を犠牲にする財政再建至上主義は、財政赤字の原因でさえある。支出削減に血道をあげてきたにもかかわらず、政府債務が積みあがってきた歴史がそのことを証明している。

もうひとつの問題は、日本の財政は本当に破綻するのか、という論点と関わっている。一九九〇年代に増大を続けてきた政府債務であるが、それは日本銀行および金融機関が急速に国債保有を増大させていくプロセスと軌を一にしていた。

金利の完全自由化が実現したのは一九九四年のことであった。その結果、日銀による公定歩合操作は、市場金利に対して、ほとんど政策的な有効性をもてなくなってしまった。

そこで日銀は、一九九五年から二〇〇一年まで公定歩合を〇・五％に据え置いたまま、国債の買入れをつうじた資金供給によって金利に実質的な影響をおよぼそうとした。国債の発行残高が膨れあがっていくのは、ちょうどこの頃のことである。

それ以降の日銀の歴史は、国債買入れ増額の歴史である。

ゼロ金利政策がはじまったのは、国債価格が暴落した資金運用部ショックの直後である。量的緩和政策が開始されたのは、財政投融資改革が行われ、郵便貯金を用いた国債の買入れが限界に差し迫っていた時であった。国債の価格が不安定化するタイミングで日銀の国債買入れは強化されてきたのである。

とりわけ、量的緩和政策では国債買入れの月額が定められ、この数値は、月額四〇〇〇億円から四度引きあげられて一・二兆円とされた。量的緩和政策が終了したにもかかわらず、この金額は一・四兆円、一・八兆円と増額され、黒田東彦《はるひこ》日銀総裁のもとで、とうとう七兆円に達することとなった。

この日銀の歴史は何を意味するのか。それは、政府債務が巨額にのぼったから財政が破綻するのではなく、財政が破綻しないように日銀が国債を買い支えてきたからこそ、政府債務をここまで膨れあがらせることができた、ということである。

国債の価格が安定しているという安心感があったからこそ、日本の金融機関は買入れ額を増やせたし、海外投資家の保有量を少額にとどめることができた。日本の金融機関が国債を投げ売りしない限り、価格の暴落、財政破綻は起きない。だが、国債の投げ売りによってもっとも損をするのは日本の金融機関自身であり、そのことを海外の投資家もハッキリと認識している（天羽ほか二〇一四）。

財政危機宣言が発せられてから二〇年が過ぎた。十年物国債の利回りはその後も低下を続け、二〇〇〇年代には二％をほとんど超えることなく推移した。これが現実だ。

危機を煽ることは容易である。だが、現実を冷静に観察し、あるべき社会、あるべき財政を語らなければ、財政再建を実現することも、よりよい社会を作り上げていくこともできない。

結局は、「財政が厳しいから支出削減以外なにもできない」という思考の停止状態こそが最大の弊害なのだ。巨額の債務を抱えた時代、それは、ただ萎縮すればよいのではなく、いかなる財政を作りあげれば、この苦境から脱出できるのかを正面から問いかける時代なのである。

重税国家の誕生か?

二つめの批判は、必要原理を徹底すれば、それは租税負担の急増をもたらすのではないかというものである。ややジャーナリスティックにいえば、「重税国家が国民を苦しめることは許されない」ということだ。これは納税者に共通する思いでもあるだろう。

だが、この批判も問題の本質を完全につかまえ損ねている。

先に指摘したように、日本人の痛税感は強いが、その一方で、高福祉・高負担で知られる北欧四ヵ国の国民は、中間層の租税負担に関して、いずれも日本人より税の痛みを感じていない。重い税負担をそう感じさせない工夫、これこそが日本の財政が欠いてきた条件である。

普通に考えれば当たり前のことなのだ。税の痛みは、受益の大きさとの関係で決まってくる。入場料を取られるだけであれば、誰もディズニーランドには行かないだろう。お金を払ってでもそこに行きたいのはなぜか。それは受益があるからだ。

「自己責任の罠」でも論じたように、増税に対するもっとも大きな障害は、可処分所得や手もとの現金の減少である。だが、意外と理解されていないが、私たちが財源の使途をきちんとコントロールできれば、増税のかなりの部分が私たちの収入となって返ってくる。

いくつかの例を見てみよう。私たちが生きていく際に、保育所や幼稚園の授業料は約六〇〇〇億円、国・私立大学の授業料は約三兆円、介護サービスの利用者負担は約七〇〇〇億円、自治体病院の累積欠損金は約二兆円という具合に毎年度費用がかかっている。

社会保障・税一体改革では、五％増税時で一四兆円の税収増が見込まれた。もし、この半分をサービスの拡充に使っていたとすればどうだろう。子育てや教育にかかる費用が一気に軽減され、誰もが収入の心配をせずに介護を受けられるようになり、過疎地域も含めた全国の自治体病院が黒字化していたかもしれないのである。それでもまだ一兆円近いお釣りがくる計算だ。

もし、このような増税が実現していたならば、人びとの税への意識は一変し、租税抵抗は大幅に緩和されただろう。税負担の増大は私的負担の軽減につながるという当たり前の事実はもっと強調されてよい。逆に、この点が強調されないのは、増税で得た財源を財政再建に使いたいと考える人がいかに多いかということの裏返しでもある。

スウェーデンでは、二〇〇七年以降、リーマンショックの影響から減税が続いたが、減税反対の世論が強まり、二〇一五年度予算では増税へと転じることとなった。サービスが低下することへの国民の反発がその理由である。私たちはもっと負担と受益の関係に敏感であるべきだ。

だからこそ、社会保障・税一体改革において、増税の使い道がほとんどの納税者に理解されないまま、借金の返済に全体の八割が充当されたことの意味はきわめて大きかったのである。総額重視型予算の桎梏から財政を解き放つこと、いわば民主主義の活性化は、よりよい財政、よりよい社会を作るための不可欠の条件なのである。

スウェーデンのものまねか？

本書では、北欧型福祉国家の長所をたびたび指摘してきた。それに対して、「スウェーデンは人口一〇〇〇万足らずの小さな国だ、それをそっくり日本に当てはめることなど、できるわけがない」という保守層からの反論が出てくるかもしれない。

「そのまま当てはめることはできない」という点についていえば、正当な批判である。一九九〇年代以降、いくらアメリカの制度を模倣しても、私たちはアメリカにはなれなかった。スウェーデンの事例をそのままあてはめようとするのは、アメリカで学んできた知見や手法を日本にそのままあてはめようとした一部の知識人と同じくらい無理がある。

スウェーデンの社会民主主義を支えてきた重要な理念に、「国民の家」構想と「サルトショーバーデン協定」がある。

本章第一節で述べたように、スウェーデンモデルの原型は、人口の縮減期に形成された。移民の増大と出生率の低下に人びとが苦しむなかで、国民が家族のように連帯することで危機を乗り越えようとする「国民の家」構想が一九二八年に打ち出されたのである。

興味深いことに、スウェーデンがこのあと邁進したのは、日本とまったく同じケインズ政策だった。日本では、いわゆる高橋財政の時代（一九三一―三六）に中央銀行を巻き込みつつ、政府は大規模な公共投資をおこなっていった。日本と並んで大恐慌の危機を真っ先に乗り越えた国がスウェーデンであり、同国もケインズ政策に先鞭をつけていたのである。

　この両国の運命が大きく分岐していくのが一九三〇年代の後半である。

　日本では日中戦争の泥沼に足を踏み入れ、軍事経済化を急速に進めていった。人間と人間の絆や連帯は、一方で全体主義化の方向へ、他方で計画経済という意味での国家社会主義化の方向へ、それぞれ解消されていった。勤労の概念が普及するのもこの時期のことだ。

　敗戦後は、アメリカの指導のもとで自由主義経済モデル、アングロサクソンモデルが移入された。日本的な社会慣行・社会通念と、アメリカの小さな政府モデルが結合するかたちで形成されたのが、勤労国家レジームにほかならなかった。

　他方、スウェーデンは第二次大戦への不参加を決意したが、相次ぐ労働争議と政情不安に悩まされていた。そこで一九三八年に「サルトショーバーデン協定」が結ばれ、この枠組みのもとで不争議の義務が定められ、労使双方の協調関係が構築された。

　スウェーデン社会民主党は、早い段階から労働者党を脱却し、農民も巻き込んだ国民党としての性格をおびていた。その背景にあったのが「国民の家」構想であり、これ以降、労働者間の賃金や福利厚生の格差是正、女性の社会進出が推進されることとなったのである。

　確かに私たちは、北欧モデルにさまざまなヒントを得ている。それは彼らが、私たち以上に人間の必要に細かく配慮しているからだ。

　スウェーデンは、危機の時代に彼らなりの統合モデルを作り出し、社会のメンバー全体で共同の困難を克服する道を選んだ。これに対して私たちは、いまある社会不安を一掃し、人口縮減の時代を乗り切るために、「必要原理」をどのように日本的に制度化していくのかを考えぬかなければならない。

だが、この「必要原理」は、北欧諸国の専売特許ではない。

明治以前の私たちの生活を思い出せばよい。日本の農村社会では、田植え、水・道路の管理から屋根の張り替え、消防や警護、寺子屋での子どもの教育にいたるまで、人間の基礎的ニーズをメンバー全員で満たしてきた。これはどの国でも同じである。この歴史を忘れ去り、人間のニーズを満たすことを北欧諸国の専売特許だと考えるとすれば、見かたが自虐的過ぎるし、多くの批判者が共有する保守的な価値観とも整合しない。

歴史とは皮肉なものである。小国モデルで成功を収めたスウェーデンが一九九〇年代以降、財政の「効率化」を進め、社会保障の大胆な削減に乗り出した。もはや先進国きっての高福祉・高負担国はスウェーデンではない。フランスである。

私たちが主張したいのは、かつてのスウェーデンがそうであったように、私たちも歴史の転換点にあって、いまの日本社会を基盤としながら新しい財政モデル、社会モデルを構築していくべきだ、ということだ。「必要原理」はスウェーデンの模倣だと言って投げ出す前に、この歴史を貫く「人間の原理」を日本の風土のなかでどう再生するかについて、私たちは知恵を振りしぼるべきである。

バラマキか？

「北欧モデルの模倣ではないか」という批判と重ね合わせるように出されるのが、バラマキ批判であろう。富裕層も含めたすべての層にサービスを給付するといったとき、保守層だけではなくリベラルや左派層からも、この類の批判が寄せられるであろうことは想像にかたくない。

私たちが繰り返し強調してきたのは、基礎的ニーズを満たしていくことで租税抵抗を緩和するという道筋である。本来のバラマキとは、租税負担を回避しつつ、借金をしながらあちこちに利益を配り歩くことだったはずである。その典型が族議員政治だろう。経済の成長が停滞するなか、彼らは借金を積み重ねながら、個別の利益団体に政治的な利益を配って回った。

あるいは、別の角度からも、そのちがいは明白である。近世の農村社会のなかで人間が生きていくためのニーズを満たすことを、誰がバラマキと呼んだだろうか。明治以降、地方自治体は財政規模を膨張させてきたが、それは先に触れたような農村の共同事業を政府が吸いあげ、物理的な作業の代わりに税を集めるようになったことの結果であった。

このような歴史の推移は各国とも共通である。どの国でも地方自治体は基礎的ニーズを満たすことをその本質としている。実際、就学前教育や義務教育、高齢者や障害者向け福祉、医療、警察、消防など、家族や共同体がともに助け合いながら提供しあってきた領域こそが、地方自治体の供給面での主要業務となっている。

むしろ、これらの業務のいたるところに「所得制限」が設けられ、低所得層や社会的弱者など、限られた人びとだけが受益者となる領域が大きすぎることの方がおかしいのだ。経済成長が前提とはならない時代、安心して働けない人が増える時代であれば、それはなおさらである。

もう一点、つけ加えておこう。必要原理の観点からすれば、私たちは低所得者にも地方税を納める義務を求めていくべきである。このような政策を実施してもなお、バラマキだというのであれば、財政はすべてバラマキだということになる。

国、すなわち中央政府がすべての国民に、普遍的に現物を給付すること、それが経済的に非効率であることは誰でもわかる。実際、あらゆる現物給付を中央政府が提供している国など存在しない。また、日本国憲法第二五条に生存権の規定があり、生存を保障することが責務とされる国では、選別主義的に困っている人を助けざるを得ない。

国が「生存」保障を旨とし、「救済型の再分配」を避けられないとすれば、国の税金は所得税の累進性を強化し、大企業には応分の負担を求め、相続税をつうじて所得をならしていくこと、つまり富裕層により大きな負担を求めることが理にかなっている。このことはまた、好景気を豊富な税収へと結びつけてくれる。

だが、人間が一定の共同性を保ち、それぞれが役割を果たしながら生活を営む地方自治体の内側にあっては、誰もが納税者となることが望ましい。多くの問題を抱えながらも、他者の利益を自分の利益とし、共に汗をかくなかで作りあげられていくのが地域社会だからだ。

地域社会の基礎単位は家族だ。家族は社会をささえてきた重要な単位であり、原理である。だが、おじいちゃんやおばあちゃんがいて、お母さんが子育てをするという「近代家族モデル」はすでに破綻している。家族に頼る時代は終わった。あるいは、家族の原理を北欧のように国全体に拡張できればよいが、日本の場合、人口の大きさを考えてもそれは容易なことではない。

だが、都道府県や基礎自治体といった地域レベルがこの家族の原理を代替していくことは可能だし、地方自治体の歴史的な成り立ちからしてもそれは望ましい。

家族とは、力のない幼児であれ、障害をもつ弱者であれ、老いに悩まされる高齢者であれ、誰もが人間らしく生きていくための基盤となるものだ。他方で、家族はメンバーの生存・生活にだけ責任をもつのであり、他の家庭まで面倒をみることはない。

だからこそ、近代家族モデルが破綻したいま、家族の原理を地域に拡張していき、全員が家族のように支えあっていく地域モデルを考えることが重要なのだ。

その地域で暮らす人びと、すなわち、男性も女性も、若者も高齢者も、障害のある人もない人も、人間らしい「生」が保障されるよう努力する社会、いわば「地域家族モデル」こそ、北欧の国家モデルとも違う日本的な分散型社会モデルとなる。その際、それぞれの地域の生存保障をおこない、財政的なバランスを取るために努力することが国の中心的役割となる。

家族のメンバーであれば誰もが共同のニーズのために助けあう。あらゆる人びとが地域の共同の事業のために納税者となることは、これと同じである。住民税の課税最低限を引きさげる、地

図4－1　必要原理を税と給付に適用する

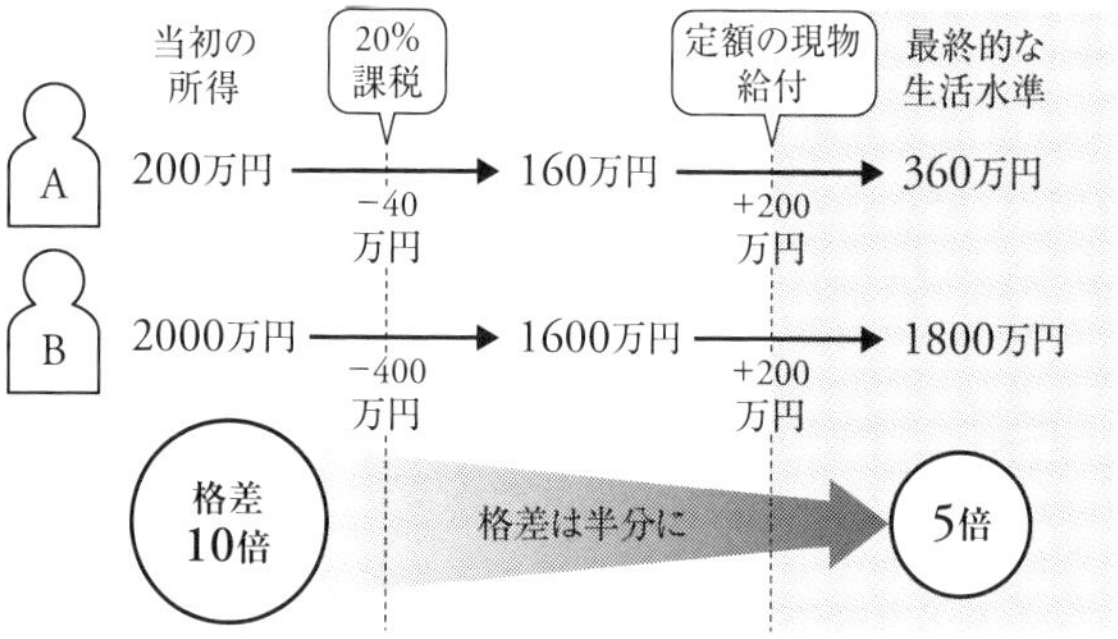

注：税収の一部は財政再建に用いている．

方消費税を地方自治体が主体的に増税できる仕組みを作る、新しい追加的サービスのための共同財源を作るなど、考えられる方向性はさまざまである。むろん、その対価となる受益をきちんと議論することが大前提である。

低所得層への課税というと、リベラルや左派は目を背けたくなるかもしれない。だが、図4－1を見てほしい。あらゆる人びとが納税者となり、あらゆる人びとが受益者となる社会、それは、人間が等しく扱われ、低所得層への中間層の不満を解消しつつ、結果的に格差を是正する社会である。このような租税体系は、消費税の軽減税率問題を見ればわかるように、国の税では不可能である。

私たちが軽減税率を批判したのも、人間を所得で線引きしようとする発想が議論を覆い尽くしているからだ。取った税を返すのではなく、誰もが負担し、誰もが生活の安心を得る社会をめざすのだ。いま必要なのは「なぜできないか」ではない。「なにをなすべきか」を見きわめることである。

3　変化の胎動

日本財政の限界を突破する試み

私たちがこのような理念をもつようになった理由、それは、歴史や外国の経験に学びながらも、現実の変化をつぶさに観察してきたからである。

この節では、危機の時代の「希望の曙光」について、いくつかの重要な変化を紹介していきたい。この社会の分断性を乗り越えようと格闘する人びとがいる。そして、人間の基礎的ニーズを満たすという当たり前の原理が、少しずつ社会に広がりつつある。この変化の胎動はけっして見逃されるべきではない。そして、私たちはこの動きを支える理論を考えなければならない。

これまで、日本の財政が総額重視型予算となっていること、そして予算を「型にはめる」ことで、人びとの財政ニーズに適応できなくなっていることを指摘してきた。このような日本財政の限界を突破しようとする試みが、広島県の「経営資源マネジメント」である。

この取り組みの真骨頂は、湯崎英彦知事のイニシアティブのもと、予算の休・廃止と新規事業を組み合わせて実行する点にある。これは、国の予算のように横並びで一定割合を削減し、それを高齢化とともに自然に増大していく社会保障などの経費に配分するための取り組みではない。不要な事業そのものの休・廃止をすすめ、新規事業への転換をうながそうとしている。ようは、一律に予算を削減するマイナスシーリングを撤廃したのである。

概要を見てみよう。まず、各局が、効率性だけではなく、有効性や必要性も含めて総合的に検討を重ねたうえで、すべての事業に優先順位をつける。単純に必要か不要かという議論になれば、「だれだれにはこれが必要だ」という選別主義的な主張につながりやすい。そこで、各局の局長、部課長の主導のもとで事業を順位づけするわけだ。この取り組みへの努力は、管理職への人事評価にも反映される制度設計となっている。

総務局の財政課は、各局から提出された順位づけをもとに、休・廃止事業案および資源配分案を作成する。これらの案を叩き台として、各局が一堂に会する集中協議（施策コンテスト）の場で議論がおこなわれ、これをもとに財政課が資源のボリュームを確定して、新規事業にこの資源を配分していく。

この取り組みが本格化するのは二〇一六年度予算からであるが、住民ニーズに即して経営資源を配分するための取り組みは数年かけて実施されてきた。各局からは猛反発があったが、二〇一五年度予算でも、自由に使える八二億円の予算のうち、新規事業に二・五億円が投入されている。ちなみに、一六年度には四億円が予定されている。

自由に使える政策経費のうち、組み替えられたのが数％にすぎなかったことについては、評価が分かれるだろう。また、「再配分」の努力だけではなく、税をつうじてパイを大きくする努力も検討されてしかるべきであろう。

だが、総額重視型の予算やシーリング型の予算が全国の自治体で徹底され、事業の休・廃止がほとんどおこなわれない現状からすると、この取り組みは画期的である。逆に言えば、総額重視の哲学が、それほど日本中を覆い尽くしているということでもある。

さらにいえば、民主党の事業仕分けが「提案」であったのに対し、広島県の取り組みでは「実行額」が議論されている。また、社会保障のように自然に増大する経費の穴埋めにそれらの予算を使うのではなく、新規事業や定員の充実・補充に用いている。まさに蟻の一穴となりうる可能性を秘めている試みである。

予算制度改革、より広く言えば、民主主義の改革は、今後の日本社会を見通すうえでもっとも重要な論点のひとつである。

住民が直接参加し、予算の一部を決定する鳥取県智頭町《ちづちょう》の「百人委員会」、あるいは間接的な参加ではあるが個人市民税額の一％の使い途を住民が決定する千葉県市川市の「市民が選ぶ市民活動団体支援制度」など、こうした動きの萌芽はある。だが、全面化にはほど遠いのが現状だ。

このほか、全国の自治体では満足度調査や世論調査がおこなわれているし、神奈川県小田原市のように、直接住民参加のもとで必要な行政サービスを発掘する試みもなされつつある。

だが、これらの作業をつうじて発見された財政ニーズを予算編成に直接反映させるルートがいまだに開発されていない。市長や知事がこれらのニーズを直接予算に盛り込もうとすれば、議会の反発をまねいてしまうからだ。

予算の配分をめぐるシステム改革は、議員も含めた既得権益者の利害を大きく左右する。それゆえ、政治的な議論の俎上にのりにくい。だからこそ、民主主義の改革は、人びとの財政上の基礎的ニーズを満たしていくうえで決定的に重要なのである。この第一歩を踏み出す自治体があらわれたことの意味はきわめて大きい。

女性の就労と少子化対策

少子化が大きな社会問題となっていることは周知の事実である。高齢化が出生数の減少の裏返しであることも改めて語る必要はあるまい。

しかし、女性と男性の公平な就労と子育てという、ふたつの基礎的ニーズを徹底的にリンクさせることで、子どもの出生数を増やすことに成功している事例がある。

茨城県常陸大宮市にある博仁会は医療・介護・リハビリを総合的に運営する医療法人である。理事長である鈴木邦彦氏の言葉を借りれば、出生率を高める方法はもはや議論の余地がない。それは、育休・産休の充実、短時間勤務、そして保育施設の整備である。

博仁会では、職員の育休・産休の取得率が一〇〇%である。現代にあっても、これらの取得をした職員が企業の狙い撃ちにあい、退職に追い込まれるケースがある。理由は代用職員が必要となり、人件費を高めてしまうからだ。だが、博仁会では、これらの取得が当然だと考えられる雰囲気づくりをおこない、出産・育児の物理的な負担を軽くしている。

短時間勤務にかんしては、〇歳から三歳までの子どもをもつ職員に対して、本人の希望を聞いたうえで夜勤を免除し、仕事の開始時間を遅らせ、帰宅時間を早めるという措置をとっている。これは、産休・育休のあとに職場復帰した人たちが子育てと就労を両立させられるようにするための措置である。

保育施設の整備に関して、博仁会では、二〇一一年に院内保育所「フロイデキンダーガルテン」を設置した。両立支援の一環である。昼休みに子どもの顔を見にいけること、送迎が簡単であることに加え、看護師が施設に常駐しているため、子どもの病気にも慌てる必要がない。

博仁会のこうした取り組みが総合的であることにくわえて、出産期、育児期、保育期と切れ目なく就労と子育てが両立できるような条件整備をしている点に特徴がある。

特筆すべきは、同法人に勤務する職員の出生率の高さである。図4-2を見てみよう。一〇〇〇人あたりの出生数で見ると、全国平均、茨城県、常陸大宮市のいずれをも大きく上回っている。むろん医療や介護関係の職員には若い人たちが多く、このことが出生率を高めている可能性はある。だが、見かたを変えれば、高齢化が進む状況のもとでは、医療や介護にかかわる仕事につく若年層が増えていくため、これらの領域で積極的に雇用を確保していけば、出生数は増大するということでもある。

図４－２　1000人あたりの出生数

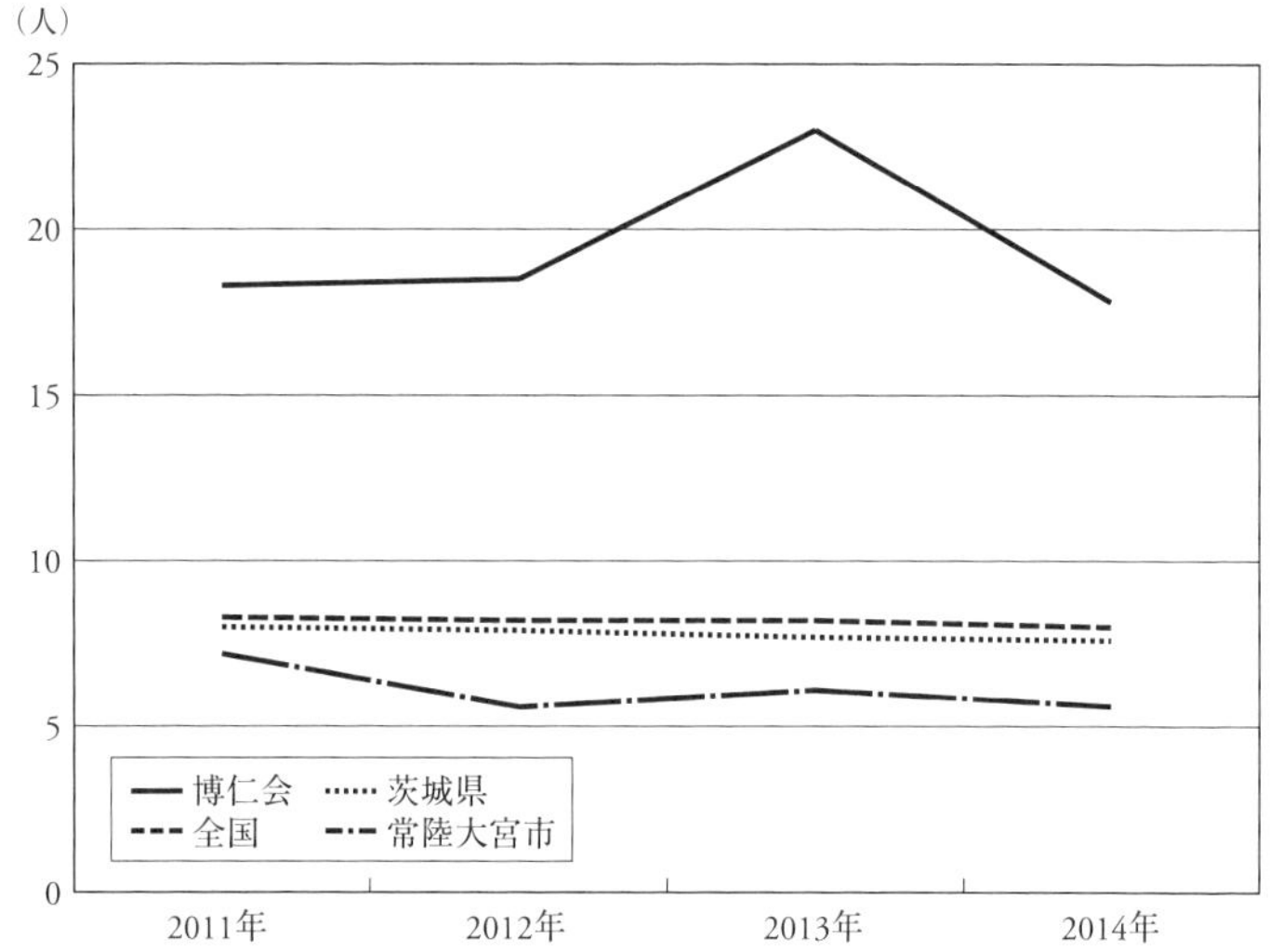

出所：博仁会より提供された資料をもとに作成.

実際、医療や介護への従事者が多い都道府県では出生率が高いことが知られている（二〇一四年八月二一日付日本経済新聞）。これに出産期、育児期、保育期の環境整備がともなっていけば、きわめて有効な少子化対策となりうる。

もちろん、診療報酬、介護報酬によって国が人件費の大枠を決める賃金体系のもとでは、十分な所得が維持できないという問題が生じる。だが、医療・介護従事者は職場結婚が多く、世帯収入レベルであれば生活は十分に維持できる。一種のワークシェアリングである。

むろん、これは現行の賃金体系を放置してよいということを意味するのではない。とはいえ、女性の就労が多数をしめる医療や介護の世界では、女性職員だけではなく、男性職員の就労機会も確保していくことが、短期的には重要になる。

以上の博仁会の取り組みは理想的ですらある。だが、育休・産休、短時間勤務、保育所整備、どれ一つとっても、代わりの人手を必要とする。法人経営にとってその負担は見逃せないほどに大きいというのが実態である。

一方には、地域を発展させ、人口減少を食い止めることが病院経営の安定性を高めていくという理事長の経営哲学が存在する。だが他方には、こうした人間の熱意や善意に頼りきった医療や福祉の限界、博仁会モデルを全国に普及させることの難しさ、という現実がある。

厚労省の両立支援等助成金など、政府からの支援が皆無というわけではない。だが、運営費の支給期間は五年に区切られており、金額的に見てもとうてい十分とは言えない。

出生率向上のための次の一手はハッキリしている。働くこと、子供を産み・育てること、すなわち人間の基礎的ニーズを切れ目なく、バランスよく満たせばよいのだ。あとはその財源をどのように確保するかという決断だけなのである。

子どもの命を選別する制度

所得制限を少しずつ緩和しながら、中高所得層の寛容さを育んでいくという私たちの提案は、現実に起きている大きな流れでもある。それは、乳幼児医療費を軽減・無料化する全国自治体での動きに象徴的にあらわれている。

愛知県のように比較的財政の豊かな自治体だけではなく、群馬県や福井県、山梨県、岐阜県などでも、乳幼児の医療費に所得制限を設けない無料化が進められている。その他の多くの自治体でも、無料化ではないものの、所得制限はせずに、一定の低い自己負担額で誰もが医療を受けられるようにしている。

以上の動きは少子化対策の一環として起きたものだが、過疎地域も含めた市町村レベルでも次々と同様の施策がとられるようになってきている。そして、この動きのなかに、いくつかの本質的な問題を見て取ることができる。

民主党政権時に、子ども手当の所得制限がはずされた。ところが、保守層や高齢者を中心とする多数の人びとからバラマキ批判が沸き起こり、自民・公明両党との議論の果てに、所得制限が復活することとなった。高校無償化もこれと同じ運命をたどった。

なぜ、こうした動きとは反対に、乳幼児医療費の無償化・低負担化が全国に浸透しようとしているのか。

それは、これが現金給付ではなく、医療という現物給付であることと関係している。多くの高齢者は「孫の命には代えられない」という、子ども手当と正反対の反応を見せたのである。

高校無償化も同様である。高校無償化は、正確にいえば「高校授業料」の無償化であって、就学支援金として、あたかもお金が給付されるかのような形式を取った。子ども手当とあわせて、これらの事実は、現金給付の対象から外れた人たちは反発を強めること、またサービスの給付によって人間の必要をみたしていけば納税者の理解が得やすいことを示唆している。

もう一点確認しておきたいのは、乳幼児医療費とは別に、重度障害児（者）医療費、ひとり親家庭等医療費への助成が存在していることである。

子どもの命に線引きをし、しかもそれぞれの制度が国の個別の制度と連動するため、これらの制度では、所得制限の基準がバラバラになっている。とくに乳幼児医療費は、旧子ども手当（現児童手当）と連動しているため、所得制限がゆるめに設定されていることもあって、多くの家庭がこの制度を利用しているという実態がある。このような理不尽な区分を発見できることも、「必要原理」の重要な効能のひとつである。

ある県のデータによると、この三つの所得制限をなくし、乳幼児医療費助成制度に一本化する場合に必要な財源は、県民ひとりあたり五〇〇円、企業の負担は規模に応じて千円から四万円の負担によってほぼまかなうことができる。

住民の基礎的ニーズを満たすために、どれくらいの財源が必要かということを丁寧かつ具体的に示すことは、財政をめぐる議論にとってきわめて有効な判断材料となるし、民主主義の質を高めるうえでも価値のあることである。

介護を地域に「ひらく」

私たち人間には必ず最期の瞬間が訪れる。たとえ、介護・看取りという人間の基礎的ニーズが満たされていても、最期のときを迎えるに際して、私たちの自由が大幅に制限されてしまうならば、それは不条理というほかない。しかし、この不条理は現実に起きている。

厚労省資料「「介護保険制度に関する世論調査」について」によれば、「現在の住まいで介護を受けたい」と回答する人の割合がもっとも多い。また、介護を受ける際にもっとも困る点は「家族に肉体的・精神的負担をかけること」である。自分の住まいで介護を受けたいが、家族への配慮から、施設への入所を余儀なくされているという実態がここから浮かびあがってくる。

問題はさらに根深い。施設の利用をめぐっては、要介護者本人ではなく、家族が意思決定をすることが多い。それどころか、利用者の支援に関わる医療・福祉専門職の助言や意向がその家族の決定を後押しすることもよくある。私たちは自分の最期のあり方を決める自由を与えられていないのだ。

広島県の福山市に拠点をもつNPO法人「地域の絆」の中島康晴代表は、小規模多機能の介護事業をつうじて要介護者のニーズを満たしながら、地域で自らの命を終わらせたいと考える人間の自由の意味を問い続けている。

私たちは、社会保障や老人福祉の提供を政府の役割だと考えがちである。これはまったく正しい見かただが、政府がいくら充実した介護サービスを提供しても、要介護高齢者の「最期をえらぶ自由のなさ」は解消されることがない。ここに問題の複雑さがある。

政府と利用者の間に立ちながら、「地域の絆」が取り組んでいるのは、介護を地域に「ひらく」ことである。

各事業所が取り組む地域行事やイベントの開催、足湯やカフェをつうじた地域住民との接点作り、経験豊富な利用者による子どもへの学びの機会の提供など、活動は多岐にわたる。これらの活動を貫いているのは、利用者が地域の人びとと関わりあう、ということである。

人間には、自分が生まれ育った地域で老いる自由がある。利用者が施設に閉じこめられることは、この自由の侵害以外の何物でもない。介護を地域に「ひらく」という発想は、人間が人間らしく老いていくという重要な基礎的ニーズと関わっている。

ここで注目しておきたいのは、在宅支援に関する取り組みである。ある印象的な認知症患者への支援事例を紹介しておこう（中島二〇一五）。

認知症高齢者の一人暮らしと聞くと、私たちは、「徘徊」「火の不始末」「不衛生」等のリスクを真っ先に想像してしまいがちである。

「地域の絆」の職員が最初に取り組んだのは、利用者とともに近隣住民を戸別訪問し、その利用者にどんな行動が起きがちであるかを丁寧に説明して回ることだった。出入り禁止となっていたスーパー、徘徊時に使うタクシー会社、そして警察署にも丹念に同様の働きかけをおこなった。

これらの努力が積み重ねられるなかで、認知症高齢者は目に見えて地域に受け容れられていったという。スーパーの利用がふたたび認められ、タクシー会社からは徘徊時にただちに事業所に連絡が寄せられるようになった。警察も保護ののち、事業所へと送り届けてくれるようになった。

もっとも大きな変化があらわれたのは、利用者の家族であった。事業所や地域全体が自分の家族を見守ってくれているさまを目の当たりにし、疎遠になっていた利用者のもとをその家族が訪ねるようになったのである。

誰しも人間は老いる。しかし、その老いのプロセスで起きることを、私たちはどの程度知っているだろうか。介護を地域に「ひらく」という試みは、人間の命に関わる情報を地域全体で共有しあい、ひとつの家族のように、苦労や喜びを分かち合うことである。

事業所の職員の負担は大きなものにならざるを得ない。だが、このような価値の共有が広がっていかない限り、他者のために税を払うという財政の基本原則は、いつまでたっても私たちの社会に定着しない。

政府のサービスと利用者、その両者の間で活動する組織・個人への支援は、人間が歳をとることで必然的に生み出される基礎的ニーズに、私たちがどの程度配慮するかという問題でもある。こうした活動への財政的支援、あるいはさまざまな取り組みへの私たち自身の積極的な参画は、将来の不安を拭っていくうえで、非常に重要なポイントである。

過疎地域で起きつつあること

本章の冒頭にも述べたように、生存や生活の危機が鋭くあらわれる時代には、人間がともに生きるための努力を不可避で必然的なものにする。こうした動きが先鋭化している地域がある。それは「消滅」とあげつらわれることの多い、過疎に苦しむ農山漁村である。

ここでは、もっとも過疎の進んだ高知県のふたつの地域を紹介しよう。

「限界集落」という用語の「発祥の地」でもある高知県大豊町《おおとよちょう》では、山と森からなる地理的環境の複雑さもあって、深刻な過疎化が進んだ。高齢化率は五五%を超え、複雑な地形が災いして行政コストもきわめて高い。住民の生活区域であるにもかかわらず、ガードレールのない崖道が点在している。

その他の過疎地域と同じように、大豊町の人びとは、道路の補修や草刈り、獣害対策など、普通であれば自治体が実施するような業務を住民の共同作業としておこなってきた。ところが、この町の庵谷《いおのたに》地区では水道が通っておらず、高齢化が進むなか、水という生命の基礎が維持困難になるという深刻な問題が浮かびあがっていた。

同地区には、県の判断によって、水道が敷設されることとなったが、地理的な条件から行政の手が届かず、施設管理はすべて集落に委ねられることとされた。料金の設定や徴収などの業務を住民がおこなうなか、高齢化がさらに進む将来のことを考え、清掃や維持のための費用を料金に上乗せし、これを基金に積み立てていった。

現在、全国の自治体で上下水道の老朽化がすすみ、将来の更新費用が深刻な問題となっている。総務省の研究会では、下水道の料金設定基準を変更し、将来の維持費を積み立てる方向性を模索しはじめた（「下水道財政のあり方に関する研究会」）。だが、このような取り組みはすでに過疎地域で、自らの発案のもと、実践に移されているのである。

庵谷地区が興味深いのは、高齢化とともに生活用水の確保が難しくなるなかで、水源のある土地の所有者が、水源の提供を申し出たことである。

同地区では地域内のすべての水源に、水の利用権である「水利権」が設定されていた。水利権の問題は、集落どうしの対立の原因となってきたし、実際、それがあるためにこれまで庵谷地区には水道の敷設が進まなかった。

だが、生存と生活の危機に直面するなかで、水の利用をめぐって人びとは協調をはじめたのである。これは地区にとって画期的なできごとであった。

大豊町からほど近い場所にある土佐町の石原地区でも、これとよく似た現象が起きている。石原地区では、ガソリンスタンドやスーパーを提供していたJAが地区から撤退するという問題に直面した。過疎地域にあって、生活店舗がなくなるばかりか、買い出しに必要な自動車やバイクのガソリンさえ手に入らなくなるということは、まさに生存の危機に直結する事態であった。

住民は、四つの集落の垣根を越えて、「いしはらの里協議会」を創設し、集落活動センターを起点として、地区をあげての町おこしをはじめた。ここでも、危機によって団結がうながされるさまを見て取ることができる。こうして協議会では、ガソリンスタンドと生活店舗を地区住民が自主的に経営することを決定したのである。

生存の危機が生み出した「共有化」

大豊町や土佐町石原地区で起きているのは、生存や生活の必要に迫られるなかで、人びとが既存の垣根を越えて協力し合うという動きである。それだけではない。水道であれ、ガソリンスタンドであれ、生活店舗であれ、一種の「共有化」「社会化」が起きている。このような集落の垣根を越える動き、共有への動きは、高知県にとどまらず、過疎地域のあちこちで発見できる。

もしこの動きが国のレベルで起きるとすれば、それは「社会主義化」と呼ばれてもおかしくないだろう。過疎地域や農山村は、一般的にいえば保守性が強く、伝統的な家族主義も色濃く残っている。村の人や風景を目にして、そこに日本的な美徳を見いだしたり、郷愁の念を覚えたりする人も多いはずだ。だが、そのような地域でこの「社会主義化」が起きている。

この事実は私たちに大きな発見をもたらしてくれる。

成長を前提とするなかで格差が拡大し、これを生産手段の社会化・国有化によって解消しようとしたのが、かつての社会主義であった。一方、現在では、成長が期待できず、高齢化が進み、働くことが前提とならないような過疎地域で共有化・社会化の動きが起きている。

結局は、経済成長が見込まれようが、見込まれなかろうが、人間は、危機に直面したとき、その本質として社会化や共有化を選ぶということだ。「社会主義その他と呼ぶかどうかは趣味と用語法であるような事物の秩序へと変化させられていく」と看破したシュンペーターはこの意味で正しかった（シュンペーター一九九五）。

さらに興味深いのは、これらの動きを国自身もあと押ししはじめている点である。たとえば、農林水産省の「多面的機能支払」は、国土保全や水源涵養といった農村の多面的機能を支えるために、地域の共同活動に対して交付金を出している。また、中山間地域直接支払のうち「小規模・高齢化集落支援加算」「集落連携促進加算」は集落間の連携に対する補助である。人間のつながりじたいが投資対象となりはじめているのだ。

総務省の実施している「地域おこし協力隊」も同じ趣旨だ。これは、おおむね一年以上三年以下の期間で、地方自治体の委嘱を受けた隊員が、経済的支援を受けながら地域で生活し、各種の地域協力活動をおこなうというものだ。この活動に参加した人たちのうち、約六割がその地に定住したり、協力活動に従事したりしている（総務省「地域おこし協力隊の定住状況等に係るアンケート調査」）。集落内外の人間のつながりも生まれはじめている。

財政再建を絶対視するどころか、人間の本質をも無視して、市場原理主義を徹底した結果、私たちは再分配が貧弱で、ズタズタに分断された社会を生み出した。

だが、国レベルでの共有化・社会化が妥当性をもたないこと、多くの災いや画一的で閉塞した社会をもたらす可能性についても、みな気づいている。

結局は、冷戦体制が崩壊して以降、経済の長期停滞とともに人間が不可避的に求めざるを得ない共有化や社会化を表現する理念をもてずにいたことに私たちの問題があったのではないか。そしていま、思想と思想の垣根を飛び越え、現実の方が大きく動き出そうとしている。

現在、多くの過疎地域には、若い人たち、あえていえば「よそ者」が流入しはじめている。どの地域が生き残り、どの地域が生き残れないかは誰にもわからない。だが、近世以来のしがらみを超えるなかで、新しい「共」の領域が切り拓かれようとしていることはまちがいない。NPOやボランティアをつうじて、同じような動きが都市部でも起きている。分断をうながしてきた社会的な土壌それじたいが、音を立てて崩れはじめているのだ。

この動きはますます加速していくだろう。次の時代への変化の胎動が聞こえるからこそ、「絆」や「連帯」を作り出すための理論構築が急務なのである。

「選ぶ民主主義」から「創る民主主義」へ

私たちは「公共」という言葉をよく使う。通常、公共部門といえば政府部門のことを意味する。だが、公共は「公」と「共」から成り立っている。政府、すなわち公と、人間どうしの相互扶助、すなわち共とが一体となって、人間の生存や生活が維持されていくのが、近代以降に作られた社会の基本的な姿であろう。

問題はそのバランスである。少子高齢化がドラスティックに進み、所得の増大がほとんど期待できない農山漁村では、課税と給付を軸とする必要原理の徹底は難しい。公から共へと力点を移しながら、過疎地に住む人びとは生存をかけた闘いを続けていくだろうし、政府はそれを支援していくだろう。

そこでは、保守層が強調してきた社会資源、つまり、協働や祭礼をつうじて作りあげられてきた人間どうしの関係や役割が重要な役割を果たすにちがいない。それも、集落間の対立の歴史を乗り越え、他地域からの「よそ者」を受け入れ、絶えざる再編が繰り返されるという新しいかたちで、だ。

他方、都市の住民は所得の一部を「公」の領域にプールすることによって、基礎的ニーズが満たされなくなる事態に備えることができる。人間の必要を満たす努力を社会に広げ、中間層を受益者にし、生活保護のように人間を選別し、救済する領域を不要にしていく、そういう財政作りが可能なのである。

むろん、NPOなどを中心とする「共」が、政府の施策をサポートすることも考えられてよいし、この動きはますます重要になっていくだろう。だが、配慮の行き届いたサポートをするということと、あらゆる責任を背負い込むということの間には大きな距離がある。都市部であれ、過疎地域であれ、「公」を定義し、その責任を明確にするための議論は不可欠だ。この点は最後の章で取りあげよう。

「縮減の世紀」とは、苦しみと喜びを共有し合う時代、あえていえば、それらを共有するしかない時代である。だが、「低位均衡の財政」に慣れ親しんできた私たちは、「生きていける人たち」と「そうではない人たち」の間に不必要な線引きをし、前者の人たちとだけ価値や利害の共有を図ろうとするかもしれない。危機の時代に分裂を繰り返す行動は、いたずらに時間を浪費させ、最悪の場合、破滅へと私たちを導くだろう。

人間の基礎的ニーズは、危機に際して切実に追求され、新しい制度変化をうながしていく。利益や貧困のあり方が分断・細分化され、その充足や改善に多くの時間と費用がかかることで対立が繰り返されてきた日本では、なおさらその変化はドラスティックなはずである。そのとき、社会が分解された「個」の集団となってしまわないよう、多くの人の実感に根ざした共存のための物語を私たちは考えていかなければならない。

近い将来、家族も、地域も、仕事のあり方も、これまでとは大きく変わっていくだろう。古い秩序は雪崩をうって崩れ落ちるだろう。

そんななか、よりよい社会を誠実に追い求める人びとは、それぞれの領域で同じ遥かな地平を見つめながら、日々、時代と格闘している。誰もが人間の間にある分断線をなくし、出会いの場を作り、お互いを知り、理解し合おうと歯を食いしばって頑張っている。そのような人たちを支え、同時に、私たちの生活の基礎を固めるための理論、それが「必要原理」だ。

自分の好き嫌い、思想のちがいで立ち位置を決め、真実への誠実さを犠牲にして、ポジショントークをする時代、すなわち「選ぶ民主主義」の時代はおわりを迎える。思想は違ってもよい。出揃った選択肢のなかから、何をどう結びつけていけば、人間の必要を満たし、人びとがむすびついていけるのかを創意工夫する時代、すなわち「創る民主主義」の時代が訪れる。

兆しを現実に変えること、それが人間の使命である。

終章

縮減の世紀に立つ

利害共有のふたつのかたち

本書がめざしたのは、保守とリベラルのメッセージを批判的に検討しながら、弱者とも強い個人とも異なる「人間のための理論」を作ることであった。

思想の違いはもちろんあるだろうし、あってしかるべきだ。だが、人間の集合が「社会」を形づくるためには、一人ひとりの人間が生存や生活に関して共同の目的をもち、そのなかで利害を共有し、価値や理念を分かち合わなければならない。もし、そうでなければ、個々人は敵対し、対立し、社会はバラバラになってしまう。いまの日本は、限りなくそれに近づいていると私たちは考えている。

注意深く読んでほしい。いま私たちは、利害と価値の共有を訴えている。この区別、そして関係は、なぜ人間が共に生きていくのかを考えるうえで、とても大切なものであり、同時に、いまもっとも忘れられているものである。

私たちは「利害」をふたつのかたちで共有できる。ひとつは「必要」であり、いまひとつは「欲望」である。

第四章で論じたような江戸時代の村落秩序はもちろん、いずれの国においても、自給自足を基盤として食料の生産と暮らしとが密接につながっていた。生存と生活という共通の目的のために、全員が必要とするものを全員の共同作業によって満たしてきた。基礎的ニーズを満たすことで利害を共有し、村落の秩序は維持された。また、この秩序のもとで個々人の欲望は制御され、統制されたのであった。

ヨーロッパでは、一六世紀に市場経済の拡大がはじまり、一八世紀の後半に産業革命が起きたことで、「欲望」が市場経済をとおして爆発的に拡大していった。食料はもちろん、教育や水、衛生管理までもが商品化された。生存や生活の基礎的ニーズは欲望、すなわちお金で満たすことができるようになっていった。

共同行為は、個人の経済行為に取って代わられた。市場をつうじた取引のプロセスでは、さまざまな利害が共有され、ときには公共的性格をも帯びながら、富の増大が社会に共通の目的となっていった。

こうして、市場経済化の激流は、人間を「協働のための単位」から「収益のための単位」へと変えた。人びとはかつての共同体的秩序にしたがう必然性を失った。村を離れ、仕事を求めて都市へと向かい、一人ひとりの人間の濃密な関係は次々に破壊されていった。

それは共同体の規制から自由を勝ち取るプロセスでもあった。だが、市場経済化が進むなかで、病気や怪我、障害などの理由で働けない人たちの生存が「社会」問題となった。とくに一七世紀に入ると、度重なる戦争によって、生存の危機が社会全体の問題となった。市場経済化は村落共同体を超えた新たな共同行為、すなわち「社会の必要」をあぶり出した。

市場経済化は、もうひとつの重大な変化を生み出した。議会制民主主義の進展である。

人びとは日常の時間の大部分を労働につぎ込んでいった。かつてであれば村落共同体の内部で寄合いなどに参加し、生存・生活の必要について議論していた。だが、都市に移れば、そのような参加の機会は激減したし、何より、働くことで生存を成り立たせていた労働者にとって、話し合いなど物理的な負担としか映らなくなってしまった。

市場経済が社会を編成する原理となる近代以降の時代では、私的な生活を政治に従わせるのではなく、自らのエネルギーを本当に価値あるものに、いわば「私的な善」のために振り向けるようになった。そして、政治と経済の分離が進む過程で発展を遂げていったもの、それが議会制民主主義だったのである（ゴイス二〇〇四）。

戦争や都市問題をつうじて人間の「社会的ニーズ」が極点に達し、議会制度が定着していくなか、徴税制度が整えられ、政治家や政府は歳入と歳出を一括して議論し、管理するようになった。中央銀行が整備され、徴税制度を背景として公債の発行が増大し、流通市場も整えられた。この先鞭をつけたのが、名誉革命から一八世紀にいたるイギリスの「財政革命」だが（Dickson 1967, Brewer 1989）、それはまさに、公的領域が経済の基盤を獲得していくプロセスであった。

こうして、人びとは税を払い、労働の前提となる心身の健康を手に入れるという共通の目的をもち、利害を共有した。市場経済化と共鳴するかのように議会制民主主義と財政とが発達し、「富の増大＝経済」「生存・生活の保障＝財政」という新たな関係が生み出されたのである。

このように、欲望をつうじて必要を満たすという「経済の時代」と向き合いながら、財政は、共同体に代わって人びとの基礎的ニーズを満たしていく、利害共有のための制度として発展していった。

むろん、欲望をつうじて必要を満たすことができるのだから、所得の増大を公的領域が支えることは、まったくの間違いとはいえない。また、市場取引は人間の共同行為であり、利害の共有が生まれるなかで公益性が生み出され、個別利害を抑制してきた側面もある（松沢二〇〇九）。

だが、経済の時代は明らかに終わろうとしている。経済と財政が相互に補完しあったケインズ政策の限界は広く認識され、私たちはいよいよ成長が前提とならない縮減の世紀に足を踏み入れようとしている。欲望をつうじて基礎的ニーズを満たすことが難しくなるという変化を前にして、利害の共有システムを大胆に作り替えていかなければ、社会の分断は間違いなく加速する。

必要原理とは、近世への先祖返りではない。財政という巨大な統治システムを、人間の生活により身近なものへと作り替え、欲望ではなく、ふたたび基礎的ニーズという必要をつうじて利害を共有していくための理論である。それは、国から地方へ、地方自治体から住民へと不可逆的に進んでいく近代の「下降」現象、「経済の時代の終焉」を見通した、人間の「共同性」を回復するための理論でもある。

「価値」共有の不可能化

「利害」とは異なる、もうひとつの共同行為の源泉、すなわち、人間と人間を切り結ぶ「価値」

や「理念」についても、私たちはふたつの方法でこれらを共有できる。

社会学者デュルケムの有名な分類にしたがえば、基礎的ニーズが中心となる秩序のもとで個人は共同性のなかに埋没するが、それと引き換えに、メンバーは強い共同意識や共通の価値観をもつようになる。コミュニティの濃密な人間関係を意味する有機的連帯がこれである。

一方、欲望が中心となる秩序のもとでは、市場経済化と分業が進展することで、共同体の枠を超えて、専門的知識・技能をもつ「見知らぬ人たち」どうしの相互依存が強まっていく。デュルケムのいう機械的連帯である（デュルケム一九八九）。

欲望の拡大、市場経済化は、見知らぬ人たちの個々の相互依存を強めるが、反対に、社会のメンバー全体が価値を分かち合うことを難しくする。生存・生活共同体であった村落におけるような価値の共有は、経済の時代には基本的に難しいのである。

だが、この価値の共有の難しさという困難から逃れることのできた、幸福な時代があった。危機と成長の世紀、二〇世紀である。

一九世紀末の停滞と第一次世界大戦を経て起きた世界大恐慌期に、市場経済は制御不能となった。この時期にスウェーデンにおいて高福祉・高負担モデルの原型ができたこと、あるいはアメリカにおいてさえ社会保障法が成立したことからもわかるだろう。第二次世界大戦による混乱がこれに続くという危機の時代にあって、生存や生活における価値を人びとが共有することはそう難しくはなかった。福祉国家の基本理念もこの時期に育まれていった。

基本的に戦前は金本位制度のもとで通貨の発行額がコントロールされていた。大恐慌期以降、各国政府はこのシステムから本格離脱し、通貨の自由な発行が可能な管理通貨制度へ移行し、財政規模を巨大化させていった。これを基盤として、戦後、先進各国は競って福祉国家化を進め、成長への道を模索した。大恐慌や戦争の悲惨な体験と生活水準の低下は、福祉国家の理念を具体化することへの合意形成を容易にした。

このように二〇世紀の前半には多くの先進国で危機的な状況が続き、成長をめざしながら生存や生活における痛みを分かち合うことで、価値や理念を共有することができた。だが、福祉国家は、価値の共有を根底から難しくもした。個人化の進展である（武川二〇〇七）。

まず、年金や医療、家族手当が充実していくのと反比例するように、家族の解体・個人化が進み、血縁関係からの離脱がうながされた。次に、完全雇用政策や賃金上昇の成果として労働者の権利意識が高まり、集団的な労使交渉が停滞しはじめ、労働者の個人化も進んだ。そして、就労の機会が豊富に提供され、都市部への人口移動が進むことによって、地縁集団からの離脱、いわば地域の個人化がもたらされた。

以上の家族、労働、地域の個人化を加速させたのがグローバル化にほかならない。

女性の社会進出を背景とした経済的な自立、雇用の非正規化による労働者間の対立と個別的労使交渉の進展、青年団や消防団、老人クラブ、婦人会等の壊滅的な衰退など、欲望の領域が急拡大する一方で個人化が進み、社会的な価値の共有は決定的に難しくなっていったのである。

「必要原理」にもとづく財政へ

先進各国のなかで、とくに日本は歴史的な財政赤字に見舞われている。この予算制約が、基礎的ニーズにそくした利害の調整を難しくする。

一時は、政府や財政規模を小さくすることで欲望を解き放ち、成長のもたらす果実によって利害を調整することが可能かと思われた。だが、金融危機と経済の不安定化、労働分配率の低下が世界的に巻き起こった。国内的にも、序章で述べたように、勤労国家レジームが破綻し、人口縮減が続くなかで、成長を前提とする「必要」の利害調整が限界に直面している。

これに対して、理念や価値を共有することで社会の解体に歯止めをかけることは、論理的には可能だろう。

だが、自治体消滅論を担ぎあげるまでもなく、欲望は共同体を破壊してしまった。共同体的な関係のなかで生存と生活をともにし、人間にとっての普遍的な必要を満たしていくなかで共有されたような経験的な、生きていくうえで欠かせない価値を、国家が人為的に国民に与えることはできない。

福祉国家を支えてきた基本的な理念、再分配に対する価値・理念の共有も、個人化の進展とともに難しくなった。欲望が支配的な社会のもとで、社会全体が価値・理念を共有することはそもそも難しいのだ。敗戦によるマイナスからの出発にもかかわらず、一九五〇―六〇年代に飛躍的な経済成長をなしとげ、多くの価値を共有できたことじたいが、歴史的にはむしろ異例のできごとだったと考えるべきである。

したがって、「利害の共有」「理念・価値の共有」、いずれもが難しくなるなかで、人びとをつなぎとめるには、愛国心や倫理・道徳に訴えかけるしか手がなくなる。このことはいまの日本社会だけではなく、債務危機に直面したヨーロッパ諸国で政治的右傾化が急速に進んだ事実とも符合する。

考えてみよう。人間が他者と利害や価値を共有して何かをおこなうためには、ひとつの前提が不可欠である。それは、他者から承認されているという実感、自分が周囲と等しい扱いを受けているという確信である。他者と同じ行為をおこなったときに、同じ評価を受けられず、承認されないと感じたとき、人間は共同の作業を拒否するにちがいない。

この等しい取り扱い、承認欲求を理念によって満たすには二つの方法がある。

ひとつは、愛国心や倫理・道徳に訴える、「一君万民」的な理念を共有することである。いまひとつは、地域という共同体のなかで、「生存と生活の基礎的ニーズ」を社会の構成員それぞれが主体的に発見し、負担という痛みを分かちあいながら、公正な分配の理念を共有することである。

前者は、確かに承認欲求を満たす。国家という究極的な価値は、あらゆる人びとに「同質性」を与えるから、人びとが不当に異なる扱いを受けることは少ない。

だが、人間の主体的・能動的・自律的な選択は難しくなる。何より、そうした理念の共有が全体主義へと帰結したことは私たちが痛切に知るところである。第二次安倍政権への人びとの不安は、この主体性の圧殺に対する本能的な不安に根ざしているし、低位均衡という日本財政の特質も、結局は、勤労理念に支えられた後ろ向きの同質性がその根底にあった。

一方、後者は、人間の基礎的ニーズを発見していくなかで、人びとの主体的・能動的・自律的な判断・決定の基盤を準備する。競争も含めたさまざまな選択の前提である公正さが整う。

このような理念は、所得や性別、年齢の違いを超えて利益を分配し、承認欲求を満たすことで幅広く共有されていくであろう。そして、この理念が、基礎的ニーズをめぐる「利害の共有」をさらに正当化するというサイクルを作り出していくだろう。

私たちは、格差の是正や社会の公正さに鈍感な社会を作り出した。そのことが租税抵抗を生み、財政制約を厳しくした。こうした状況が、「必要による「利害」の共有」ではなく、一君万民的な理念による「強いられた「価値」の共有」をもたらしている。

理念の共有が難しい状況のもとでは、人びとがより利害を共有することで社会の共同性を確保していくしかない。その利害の調整メカニズムを可能にするのが、必要原理にもとづく財政にほかならない。

歴史に、そして人間の原点に還るべきときだ。

人びとは、基礎的ニーズを満たすことをつうじて、利害を共有する社会基盤を作ってきた。その本来的な原理に立ち返って財政を再構築しよう。低所得層だけではなく、中高所得層をも巻き込んだ、新たな物質的な利害関係を作り出すためだ。個人化の進んだ社会のなかで、国民国家全体を貫く「共同必要の共同充足」という価値・理念を共有できるようにするためだ。

かつて、国民全体が家族のように編成され、数々の強制による多数の生命の犠牲のもと、私たちは筆舌に尽くしがたい苦しみを味わった。そして、そのような歴史を深く反省し、個人と自由を大切にする国をひたすらめざしてきた。

私たちは、かつて経験したことのないような縮減の世紀を前に、一見、かつての失敗を繰り返そうとするかのような雰囲気のなかを生きている。だが、過去の誤ちにもかかわらず、家族的にであれ、共同体的にであれ、利害や価値を分かちあわなければ、社会は成り立ちえない。

ふたたび危機の時代に立つ私たちは、これからどのような社会を作りあげていくのだろうか。同じ過ちを繰り返すのか。新しい世紀の礎を築きあげるのか。戦後を生きた私たち日本人の真価がいま問われている。

あとがき

日本人は同質性を求める国民だと言われてきた。ときに同質性は、ささやかな違いを際立たせ、対立を生む原因ともなりうる。実際、私たちの社会を見てみると、いたるところに人間と人間の間に生じた亀裂を発見することができる。そして、「やってはいけないこと」で満ち溢れたネガティヴリストの束が生み出され、息苦しい社会が作りあげられている。

この状況を「日本人の国民性」ゆえと割り切ることはできない。各国の財政のあゆみを俯瞰してみると良い。粘り強い交渉の果てに改革パッケージを実現するケース、議論がまとまらず頓挫するケース、いずれの場合でも、歴史は社会的な合意を得ようとする人びとの苦闘の足跡で彩られている。気づいていないだけで、私たち日本人もそのただ中にいるのだ。

私たちが取りあげたのは租税であり、増税への同意を掘り崩す「分断」である。分断は、制度のあり方、政策の歴史的な経緯、国民の心理状態、再選を狙う政治家の行動などによってもたらされる。そうした社会の「結合現象」として財政を理解し、分断を終わらせるための実効的な改革像を示すこと、私たちの目的はここにあった。

本書は基本的に書き下ろしである。だが、内外の財政史や社会保障研究の分厚い蓄積、そして財政という複雑きわまる現象を解き明かすための先学の苦労なくして本書は完成し得なかった。以下、特にお世話になった方々に御礼を述べさせていただきたい。

神野直彦先生（東京大学名誉教授）には、勉強会や公的な研究会の場で温かい励ましとご指導をいただいてきた。先生が財政学の古典を渉猟するなかで培われた「人間の学」という眼差しは、私たちが社会を見通すうえでの視座そのものである。

金子勝先生（慶應義塾大学教授）には、経済現象を正確に理解するための姿勢、既存の分析枠組みを疑い、データを徹底的に読み解くことの大切さを教えていただいた。批判し、批判されることを恐れない先生の生き方を私たちは受け継がねばならない。

本書は財政社会学による分析と提言の書である。この学を自律した学問領域として切り拓かれた大島通義先生（慶應義塾大学名誉教授）、分析的に発展させてこられた赤石孝次先生（長崎大学教授）、池上岳彦先生（立教大学教授）、御三方の孤高ともいうべき知的格闘なくしては、本書は絶対に存在しえなかった。私たちは本当に幸福な世代である。

最後に、筑摩書房の石島裕之氏に心からの御礼を申し上げたい。氏は私たちの生硬な文章を丹念に読み、繰り返しコメントしてくださった。もし、私たちがいささかでも新しい事実を発見し、それを伝えられているとしたら、石島氏の尽力あってのことである。

理屈が机上の空論と言われるのは、あるべき姿を語るからだ。理屈にこだわる学者にとっての最大の敵は理不尽である。本書が理不尽と闘う人びとの拠り所となることを願う。

二〇一五年　一一月

筆者

〔参考文献〕

【序章】

池田勇人（一九九九）『均衡財政附・占領下三年のおもいで』中央公論新社。

井手英策（二〇一三）『日本財政　転換の指針』岩波書店。

――――（二〇一四）「経済――「土建国家」型利益分配メカニズムの形成、定着、そして解体」小熊英二編『平成史　増補新版』河出書房新社。

――――（二〇一五）『経済の時代の終焉』岩波書店。

経済産業省（二〇一五）『通商白書　二〇一五』。

須藤時仁・野村容康（二〇一四）『日本経済の構造変化　長期停滞からなぜ抜け出せないのか』岩波書店。

内閣府（二〇一二）『日本経済　二〇一二―二〇一三　厳しい調整の中で活路を求める日本企業』。

ニーチェ、F.（木場深定訳）（一九九二）『道徳の系譜』岩波書店。

Lindh, A.(2015), "Public Opinion against Markets? Attitudes towards Market Distribution of Social Services — A Comparison of 17 countries," *Social Policy & Administration*, 49:887-910.

OECD (2008), *Growing Unequal?: Income Distribution and Poverty in OECD Countries*, OECD Publishing, Paris.

【第一章】

エスピン＝アンデルセン、G.（大沢真理監訳）（二〇一一）『平等と効率の福祉革命――新しい女性の役割』岩波書店。

江原由美子（二〇一五）「見えにくい女性の貧困――非正規問題とジェンダー」小杉礼子・宮本みち子編『下層化する女性たち　労働と家庭からの排除と貧困』勁草書房。

大津唯・山田篤裕・泉田信行（二〇一三）「短期被保険者証・被保険者資格証明書交付による受診確率への影響――国民健康保険レセプトデータに基づく実証分析」『医療経済研究』25(1), 33-4.

駒村康平（二〇一五）『中間層消滅』角川新書。

四方理人（二〇一一）「非正規雇用は「行き止まり」か?――労働市場の規制と正規雇用への移行」『日本労働研究雑誌』608:88-102.
内閣府（二〇〇九）『第八回世界青年意識調査』http://www8.cao.go.jp/youth/kenkyu/worldyouth8/html/mokuji.html
内閣府（二〇一四）『人口、経済社会等の日本の将来像に関する世論調査』。
内藤準（二〇〇九）「自由と自己責任に基づく秩序の綻び――「自由と責任の制度」再考」『理論と方法』24(2),155-175.
福井康貴（二〇一五）「非正規雇用から正規雇用への移動における企業規模間格差――二重構造論からのアプローチ」『社会学評論』66(1), 73-88.
藤田孝典（二〇一五）『下流老人　一億総老後崩壊の衝撃』朝日新書。
前田健太郎（二〇一四）『市民を雇わない国家　日本が公務員の少ない国へと至った道』東京大学出版会。
丸山真央（二〇一四）「「大きな政府」か「小さな政府」か?」田辺俊介編『民主主義の「危機」――国際比較調査からみる市民意識』勁草書房。
森康司（二〇一五）「性別役割分業意識の変容――雇用不安がもたらす影響」友枝敏雄編『リスク社会を生きる若者たち　高校生の意識調査から』大阪大学出版会。
OECD (2008), *Growing Unequal?: Income Distribution and Poverty in OECD Countries*, OECD Publishing, Paris.
OECD (2015), *In It Together: Why Less Inequality Benefits All*, OECD Publishing, Paris.
OECD（濱田久美子訳）（二〇一四）『ＯＥＣＤジェンダー白書　今こそ男女格差解消に向けた取り組みを!』明石書店。
OECD（西村美由起訳）（二〇一五）『ＯＥＣＤ幸福度白書２　より良い暮らし指標　生活向上と社会進歩の国際比較』明石書店。
横山寛和（二〇一五）『公的年金の持続可能性分析　年金数理とバランスシートによる接近』日本評論社。
米田幸弘（二〇一一）「労働意識の階層分化――仕事のやりがいの格差に注目して」『大阪大学大学院人間科学研究科紀要』37, 59-75.

米田幸弘（二〇一四）「労働倫理の階層化の検証——労働義務感に着目して」『和光大学現代人間学部紀要』7, 41-54.
米田幸弘（二〇一五）「日本社会の勤勉性のゆくえ——格差社会のなかの労働倫理」数土直紀編『社会意識からみた日本　階層意識の新次元』有斐閣。
Jordan, J. (2010), “Institutional feedback and support for the welfare state: The case of national health care,” *Comparative Political Studies*, 43(7), 862-885.
Jordan, J. (2013),“ Policy feedback and support for the welfare state,” *Journal of European Social Policy*, 23(2), 134-148.
Lupu, N. & Pontusson, J. (2011),“The structure of inequality and the politics of redistribution,” *American Political Science Review*, 105(02), 316-336.
Luxembourg Income Study Database (LIS), www.lisdatacenter.org (multiple countries;25.8.2014) Luxembourg: LIS.
NAITO, J,(2007),“Perceived Freedom and its Sociological Effects: An Inquiry into the Relationship Between Liberalism and Inequality,” *International Journal of Japanese Sociology*, 16,80–99.
Oorschot, W. v. (2000),“Who should get what, and why? On deservingness criteria and the conditionality of solidarity among the public,” *Policy & Politics*, 28(1), 33-48.
Rothstein, B. (2011), *The quality of government: Corruption, social trust, and inequality in international perspective*, University of Chicago Press.
Rothstein, B. & Uslaner, E. M. (2005),“All for all: Equality, corruption, and social trust,” *World Politics*, 58(01), 41-72.
Skilling, P. & McLAY, J. (2015),“Getting ahead through our own efforts: public attitudes towards the deservingness of the rich in New Zealand,” *Journal of social policy*, 44(01), 147-169.
Svallfors, S. (2013),“Government quality, egalitarianism, and attitudes to taxes and social spending: a European comparison,” *European Political Science Review*, 5(03), 363-380.

【第二章】

青木紀（二〇一〇）『現代日本の貧困観 「見えない貧困」を可視化する』明石書店。

安藤博（一九八七）『責任と限界――赤字財政の軌跡（下）』金融財政事情研究会。

井手英策（二〇一二）『財政赤字の淵源 寛容な社会の条件を考える』有斐閣。

――（二〇一三）『日本財政 転換の指針』岩波新書。

――（二〇一五）『経済の時代の終焉』岩波書店。

井手英策・水上啓吾（二〇〇六）「資産・負債管理型国家の提唱――財政再建至上主義を超えて」神野直彦・井手英策編『希望の構想――分権・社会保障・財政改革のトータルプラン』岩波書店。

岡部耕典（二〇〇八）「障害者自立支援法における「応益負担」についての考察」『季刊社会保障研究』44(2), 186-195.

川上則道（一九九四）『高齢化社会はこうすれば支えられる』あけび書房。

権丈善一（二〇〇一）『再分配政策の政治経済学』慶應義塾大学出版会。

佐藤滋・古市将人（二〇一四）『租税抵抗の財政学――信頼と合意に基づく社会へ』岩波書店。

シラー、R．J．（二〇一三）「債務対GDP比率を盛んに騒ぎ立てる愚」『週刊東洋経済』二〇一一年九月三日号。

津田正太郎（二〇一三）「「引き下げデモクラシー」の出現――既得権バッシングの変遷とその帰結」石坂悦男編著『民意の形成と反映』法政大学出版局。

フリーマン、L．A．（橋場義之訳）（二〇一一）『記者クラブ 情報カルテル』緑風出版。

丸山真男（一九八六）『「文明論之概略」を読む 上』岩波新書。

宮本太郎（二〇〇九）『生活保障 排除しない社会へ』岩波新書。

Herndon, T., Ash'M. and Pollin,R. (2013), "Does high public debt consistently stifle economic growth? A critique of Reinhart and Rogoff," *Cambridge Journal of Economics*, 38(2), 257-279.

Reinhart, C. and Rogoff, K. (2010), "Growth in a Time of Debt," Working Paper No.15639 National Bureau of Economic Research.

参考ＵＲＬ
自由民主党 web サイト

「自民党重点政策二〇一二」
http://jimin.ncss.nifty.com/pdf/seisaku_ichiban24.pdf
首相官邸ホームページ
小泉内閣総理大臣記者会見「衆議院解散を受けて」
http://www.kantei.go.jp/jp/koizumispeech/2005/08/08kaiken.html
内閣府ホームページ
厚生労働省老健局「介護保険制度の見直しについて」
http://www8.cao.go.jp/kisei-kaikaku/old/minutes/wg/2004/1018/item02.pdf

【第三章】


井手英策（二〇一三）『日本財政　転換の指針』岩波書店。

医療経済研究機構（二〇一〇）『医療と介護・福祉の産業連関分析』

エスピン＝アンデルセン、G．（大沢真理監訳）（二〇一一）『平等と効率の福祉革命――新しい女性の役割』岩波書店。

大岡頼光（二〇一四）『教育を家族だけに任せない　大学進学保障を保育の無償化から』勁草書房。

佐藤滋・古市将人（二〇一四）『租税抵抗の財政学――信頼と合意に基づく社会へ』岩波書店。

シュンペーター、J．（塩野谷祐一・東畑精一・中山伊知郎訳）（一九七七）『経済発展の理論（上）』岩波書店。

スタックラー、D．／サンジェイ、B．（橘明美・臼井美子訳）（二〇一四）『経済政策で人は死ぬか？　公衆衛生学から見た不況対策』草思社。

筒井淳也（二〇一五）『仕事と家族　日本はなぜ働きづらく、産みにくいのか』中公新書。

ナショナルミニマム研究会（二〇一〇）『ナショナルミニマム研究会第一〇回資料』。

萩原久美子（二〇一三）「子ども手当――チルドレン・ファーストの蹉跌」日本再建イニシアティブ『民主党政権失敗の検証』中央公論新社。

深澤映司（二〇一五）「格差と経済成長の関係についてどのように考えるか」『レファレンス』二〇一五年二月号。

ヘックマン、J．J．（古草秀子訳）（二〇一五）『幼児教育の経済学』東洋経済新報社。

前田健太郎（二〇一四）『市民を雇わない国家　日本が公務員の少ない国へと至った道』東京大学出版会。
三菱総合研究所（二〇〇九）『平成２０年度教育改革の推進のための総合的調査研究――教育投資の費用対効果に関する基本的な考え方及び文献の収集・整理――報告書』。
http://www.mext.go.jp/a_menu/shougai/chousa/__icsFiles/afieldfile/2014/09/01/1351451_01_1.pdf
OECD (2011), *Society at a Glance 2011: OECD Social Indicators*, OECD Publishing, Paris.
OECD (2013), *Government at a Glance 2013*, OECD Publishing, Paris.
OECD（徳永優子・稲田智子・定延由紀・矢倉美登里訳）（二〇一四）『図表でみる教育　ＯＥＣＤインディケータ（２０１４年版）』明石書店。
OECD (2015), *In It Together : Why Less Inequality Benefits All*, OECD Publishing, Paris.
OECD（西村美由起訳）（二〇一五）『ＯＥＣＤ幸福度白書２　より良い暮らし指標　生活向上と社会進歩の国際比較』明石書店。
Corak, M.(2013), "Inequality from Generation to Generation: The United States in Comparison," in Robert Rycroft eds, *The Economics of Inequality, Poverty, and Discrimination in the 21st Century*, ABC-CLIO.
Cingano, F. (2014), "Trends in Income Inequality and its Impact on Economic Growth," *OECD Social, Employment and Migration Working Papers*,163,OECD Publishing, Paris.
Bergh, A. & Henrekson, M. (2011),"Government size and growth: a survey and interpretation of the evidence," *Journal of Economic Surveys*, 25(5), 872-897.
Brady, D. & Bostic, A. (2015),"Paradoxes of Social Policy: Welfare Transfers, Relative Poverty, and Redistribution Preferences," *American sociological review*, 80(2), 268-298.
Daude, C., Gutiérrez, H. & Melguizo, Á. (2013),"What drives tax morale? a focus on emerging economies," *Review of Pubic Economics* (207), 9-40.
Dell'Anno, R. & Amendola, A. (2015),"Social Exclusion and Economic Growth: An Empirical Investigation in European Economies," *Review of Income and Wealth*, 61(2), 274-301.
Fairbrother, M. & Martin, I. W. (2013),"Does inequality erode social trust? Results from multilevel models

of US states and counties," *Social science research*, 42(2), 347-360.
Jordan, J. (2013),"Policy feedback and support for the welfare state," *Journal of European Social Policy*, 23(2), 134-148.
Karoly, L.A. & Bigelow J.H. (2005), "The Economics of Investing in Universal Preschool Education in California," http://www.rand.org/content/dam/rand/pubs/monographs/2005/RAND_MG349.pdf
Luxembourg Income Study Database (LIS), www.lisdatacenter.org (multiple countries;25.8.2014) Luxembourg: LIS.
LIS Inequality and Poverty Key Figures, http://www.lisdatacenter.org (21.06.2014). Luxembourg: LIS.
Rothstein, B. & Uslaner, E. M. (2005),"All for all: Equality, corruption, and social trust," *World Politics*, 58(01), 41-72.
Sønderskov, K. M. & Dinesen, P. T. (2014),"Danish Exceptionalism: Explaining the Unique Increase in Social Trust over the Past 30 Years, "*European Sociological Review*, 30(6), 782-795.
Sala-i-Martin, X. X. (1997),"I just ran two million regressions," *The American economic review*,87(2), 178-183.
Voitchovsky, S. (2005)," Does the profile of income inequality matter for economic growth?," *Journal of Economic Growth*, 10(3), 273-296.

【第四章】

網野善彦（一九九七）『日本社会の歴史（上）』岩波書店。

天羽正継・井手英策（二〇一四）「国債累積を支える金融メカニズム」持田信樹・今井勝人編著『ソブリン危機と福祉国家財政』東京大学出版会。

安藤　博（一九八七）『責任と限界――赤字財政の軌跡（下）』金融財政事情研究会。

井手英策（二〇〇六）『高橋財政の研究――昭和恐慌からの脱出と財政再建への苦闘』有斐閣。

――（二〇一三）『日本財政　転換の指針』岩波書店。

シュンペーター、J.（中山伊知郎・東畑精一訳）（一九九五）『資本主義・社会主義・民主主義』東洋経済新報社。

中島康晴（二〇一五）「暮らしたい場所で暮らし続ける自由を守る――新自由主義における『自由』の実相」生活経済研究所『生活経済政策』一月号。

松沢裕作（二〇〇九）『明治地方自治体制の起源――近世社会の危機と制度変容』東京大学出版会。

山﨑善弘（二〇〇七）『近世後期の領主支配と地域社会――「百姓成立」と中間層』清文堂出版。

渡辺尚志（二〇一四）『百姓たちの水資源戦争――江戸時代の水争いを追う』草思社。

Wright, Q. (1965), *A Study of War, 2nd ed.* University of Chicago Press.

【終章】


ゴイス、R.（山岡龍一訳）（二〇〇四）『公と私の系譜学』岩波書店。

武川正吾（二〇〇七）『連帯と承認――グローバル化と個人化のなかの福祉国家』東京大学出版会。

デュルケム、E.（井伊玄太郎訳）（一九八九）『社会分業論』講談社。

松沢裕作（二〇〇九）『明治地方自治体制の起源――近世社会の危機と制度変容』東京大学出版会。

Brewer, J. (1989), *The Sinews of Power: War money, and the English State, 1688-1783*, Harper Collins Publishers Ltd.

Dickson, P.G.M. (1967), *The Financial Revolution in England: A Study of Development of Public Credit, 1688-1756*, Macmillan.

井手英策 いで・えいさく

一九七二年生まれ。東京大学大学院経済学研究科博士課程単位取得退学。博士（経済学）。現在、慶應義塾大学経済学部教授。専門は財政社会学。著書に『経済の時代の終焉』（大佛次郎論壇賞受賞）（岩波書店）、**Deficits and Debt in Industrialized Democracies**（共編、Routledge）ほか多数。

古市将人 ふるいち・まさと

一九八三年生まれ。横浜国立大学大学院修了。博士（経済学）。現在、帝京大学経済学部経済学科講師。専門は財政学・地方財政論。著書に『租税抵抗の財政学』（共著、岩波書店）、等がある。

宮﨑雅人 みやざき・まさと

一九七八年生まれ。慶應義塾大学大学院経済学研究科後期博士課程単位取得退学。現在、埼玉大学大学院人文社会科学研究科准教授。専門は財政学・地方財政論。

筑摩選書 0127

分断社会《ぶんだんしゃかい》を終《お》わらせる　「だれもが受益者《じゅえきしゃ》」という財政戦略《ざいせいせんりゃく》

二〇一六年一月一五日　初版第一刷発行
二〇一七年十月一〇日　初版第四刷発行

著　者　井手英策　古市将人　宮﨑雅人

発行者　山野浩一

発行所　株式会社筑摩書房
東京都台東区蔵前二-五-三　郵便番号　一一一-八七五五
振替　〇〇一六〇-八-四一二三

装幀者　神田昇和

印刷 製本　中央精版印刷株式会社

ISBN978-4-480-01633-1 C0333

筑摩選書 0001

武道的思考

内田樹

武道は学ぶ人を深い困惑のうちに叩きこむ。あらゆる術は「謎」をはらむがゆえに生産的なのである。今こそわれわれが武道に参照すべき「よく生きる」ためのヒント。

筑摩選書 0014

瞬間を生きる哲学
〈今ここ〉に佇む技法

古東哲明

私たちは、いつも先のことばかり考えて生きている。だが、本当に大切なのは、今この瞬間の充溢なのではないだろうか。刹那に存在のかがやきを見出す哲学。

筑摩選書 0031

日本の伏流
時評に歴史と文化を刻む

伊東光晴

通貨危機、政権交代、大震災・原発事故を経ても、日本は変わらない。現在の閉塞状況は、いつ、いかにして始まったのか。変動著しい時代の深層を経済学の泰斗が斬る！

筑摩選書 0038

救いとは何か

森岡正博
山折哲雄

この時代の生と死について、救いについて、人間の幸福について、信仰をもつ宗教学者と、宗教をもたない哲学者が鋭く言葉を交わした、比類なき思考の記録。

筑摩選書 0043

悪の哲学
中国哲学の想像力

中島隆博

孔子や孟子、荘子など中国の思想家たちは「悪」について、どのように考えてきたのか。現代にも通じるこの問題と格闘した先人の思考を、斬新な視座から読み解く。